AF388227

Herstellung und Verlag:
BoD – Books on Demand
Norderstedt 2011

3., durchgesehene Auflage 2024

ISBN 9783758302527

Thomas O. H. Kaiser

Stadtpredigten.

Biblische Einsichten aus `Badisch-Sibirien´

Ausgewählte Predigten
aus den Jahren 1993 bis 1995

Zum Andenken
an meine Großeltern

Hermine Lohmann,
geb. Förstemann
(30.12.1896 – 29.12.1969)
und
Otto Lohmann
(17.1.1895 – 16.12.1976)

und

Anna Müller,
geb. Messerschmidt
(13.1.1897 – 10.12.1984)
und
Hermann Müller
(22.5.1898 – 4.12.1978)

Inhalt

Vorwort

Die vorliegenden Predigten sind Anfang der 1990er-Jahre des letzten Jahrhunderts entstanden. Damals habe ich, zu der Zeit nach theologischen und philosophischen Studien dreißig Jahre alt, meinen Dienst als sog. `Lehrvikar´ in der Evangelischen Landeskirche in Baden begonnen. Ich wurde in zwei Pfarrgemeinden eingesetzt: in Wertheim-Wartberg, einer Trabantenstadt, die ursprünglich einmal für kasernierte amerikanische Truppen errichtet worden war und nach dem Abzug der Amerikaner für viele russisch-deutsche Spätaussiedler zu einem neuen Zuhause wurde, sowie in Wertheim-Sachsenhausen, einer nur wenige Kilometer entfernten Ortschaft im direkten Einzugsbereich der Stadt; ferner in Vockenrot, einem der Stadt Wertheim eingemeindeten Ort. Meine Frau Andrea und ich hatten in Wertheim im Herbst 1993 kirchlich geheiratet. Wir wohnten zwar zusammen in Wertheim-Eichel/Hofgarten; aber ich hatte zusätzlich aus `dienstlichen Gründen´, so hieß es, eine Zweitwohnung in meinem Einsatzort am Wartberg zu nehmen. Vermieterin war die evangelische Kirchengemeinde, die ein Eigeninteresse daran hatte, dass ich die bescheidene Wohnung über dem kirchlichen Kindergarten in Laufnähe zum Kirchenzentrum bezog. Alle Orte, in denen ich eingesetzt war, wiesen die für die damalige Zeit typischen kleinstädtischen bzw. dörflichen bundesrepublikanischen Strukturen auf. Sie lagen inmitten einer ländlichen strukturschwachen Gegend: Main-Tauber-Franken.

Die Gegend dort heißt landläufig `Badisch-Sibirien´: Ursprünglich mit pejorativer Konnotation, wurde der Begriff im Laufe der Zeit von den Bewohnerinnen und Bewohnern selbst humorvoll als Eigenbezeichnung übernommen. Natürlich bezieht sich Sibirien nicht nur auf die herrschende winterliche Kälte in Nordbaden, sondern auch auf das Vorurteil, dass die Gegend – weil wenig dicht besiedelt – etwas zurückgeblieben ist. Beamte wurden in vergangenen Jahrhunderten gerne dorthin versetzt und empfanden diese Versetzung oft als `Verbannung´. In der badischen Pfarrerinnen- und Pfarrerschaft klingt dies bis heute immer noch nach...

Der Dienst während der anderthalbjährigen Dauer des Vikariats in Wertheim war für mich abwechslungsreich und interessant. Die Kirchen, in denen ich predigte, hätten unterschiedlicher nicht sein können: Zum einen fanden die Gottesdienste in einem eher traditionellen Kirchengebäude in Wertheim-Sachsenhausen und mitunter in einer eher bescheidenen Mehrzweckhalle in Vockenrot statt. Zum anderen wurde Gottesdienst in dem in den sechziger Jahren errichteten, im Geist der Zeit auf Kommunikation angelegten Ökumenischen Wartberg-Kirchenzentrum gefeiert.

Die meisten der Predigten habe ich in meiner Wohnung über dem Kindergarten geschrieben. Die Hörerinnen und Hörer, die sich unter meiner Kanzel damals versammelten, waren einerseits Tauberfranken – bewusst evangelisch, denn das Gebiet war wegen der Grenze zum benachbarten Bayern jahrhundertelang katholisch geprägt und von Würzburg aus regiert worden –, andererseits mindestens ebenso konfessionell bewusste Spätaussiedler, vorwiegend aus Kasachstan, die mit ihren Familien die Gelegenheit ergriffen hatten, nach gefühlten hunderten von Jahren in der Verbannung freiwillig in die Heimat, nach Deutschland, zurückzukehren und mit den typischen Problemen der Immigration zu kämpfen hatten. Ihre Kinder gehörten zu den Grundschülerinnen und Grundschülern und zu den Konfirmandinnen und Konfirmanden, die ich in diesem sozialen Brennpunkt zu unterrichten hatte. Sie verstanden häufig kein Deutsch, sondern sprachen untereinander Russisch, und so manches Mal wurde die Stunde durch das ein oder andere Wort in Russisch gerettet, das ich mir über die Monate angeeignet hatte.

Ich hatte nicht jeden Sonntag zu predigen, was u. a. daran lag, dass die Seminaristinnen und Seminaristen im Zuge ihrer Ausbildung ein paar Monate lang `in Klausur´ in Heidelberg im Predigerseminar `Petersstift´ zu verbringen hatten. Dort gehörte es damals u. a. zum praktisch-theologischen Pflichtprogramm, im Kreise der Kolleginnen und Kollegen Mittagsandachten zu halten. Vier dieser Andachten habe ich ihres experimentellen Charakters wegen mit in diesen Predigtband aufgenommen.

Alle Ansprachen und Predigten sind von mir gehalten worden. Dabei bin ich mir bewusst, dass ich durch vieles, was ich damals gelesen und gehört habe, beeinflusst worden bin. Vieles an Predigtlehren, homiletischen Entwürfen, Literatur und Fachliteratur und immer wieder Predigten selbst habe ich damals fleißig gelesen. Manches davon ist in meine Predigten eingeflossen – schließlich sind wir keine Monaden im Leibniz'schen Sinne, abgeschlossen und für sich selbst existierend. Was das genau gewesen ist, war für mich nach all den Jahren leider nicht mehr rekonstruierbar. Bei der Auslegung der Bibel habe ich versucht, den Alltag der Hörerinnen und Hörer mit all ihren Fragen aufzunehmen und die gesellschaftlichen Herausforderungen der Zeit zu berücksichtigen. Die Form der mündlichen Rede, die eher durch das Perfekt lebt als durch das Präteritum, ist für den Druck zu weiten Teilen beibehalten worden.

In meiner Jugend bin ich in einer evangelischen Kirchengemeinde im städtischen Milieu im niedersächsischen Weserbergland kirchlich sozialisiert worden und habe nach dem Abitur 1982 zum Wintersemester desselben Jahres das Studium der evangelischen Theologie in Heidelberg begonnen – als erster in meiner Herkunftsfamilie, in der es zwar Juristen, Pädagogen und Mediziner, aber keine Theologen gab bzw. gibt. Später hatte ich an der Ruprecht-Karls-Universität in Heidelberg ein Zweitstudium der Philosophie begonnen und zudem eine theologische Promotion in Sozialethik angefertigt.[1]

In die Zeit meines ʼLehrvikariatsʼ fiel das Rigorosum, die mündliche Prüfung zur Promotion, was bewirkte, dass ich einen Spagat zwischen zwei Welten bewältigen musste: Hatte ich morgens in der Grundschule zu hospitieren, das heißt, den Unterricht meines Mentors in der hinteren Reihe im Klassenzimmer auf einem Grundschul-Stuhl sitzend zu verfolgen oder selbst Schülerinnen und Schüler der Klassen eins bis vier zu unterrichten, beschäftigte ich mich in der mir verblei-

---

[1] Vgl. Thomas O. H. Kaiser, Versöhnung in Gerechtigkeit. Das Konzept und seine Kritik im Kontext Südafrika (diss. theol. 1993), Neukirchen-Vluyn 1996.

benden Zeit am zu Hause am Schreibtisch mit der Aufarbeitung theologischer Themen für meine letzte wichtige universitäre Prüfung.

Ich war einem deutlich älteren Kollegen, dessen Weltbild dem meinen diametral entgegengesetzt war, vom Ausbildungs- bzw. Personalreferat des Evangelischen Oberkirchenrats in Karlsruhe wie ein `Lehrling´ zugeteilt worden. Der kleine, schmächtige, bärtige, bleiche, Kette rauchende Burschenschafter lebte und arbeitete schon seit Jahrzehnten als Gemeindepfarrer in der Kirchengemeinde. Er begriff mich wegen meines Alters und meiner Beliebtheit bei den Jugendlichen in seiner Gemeinde *quasi instinktiv* als Konkurrenz. Die in der Ausbildung zur badischen Pfarrerin bzw. zum badischen Pfarrer vorgesehenen obligatorischen Predigtvor- und -nachgespräche mit dem mir zugewiesenen `Lehrpfarrer´, die sich bei mir oft bis weit über Mitternacht hinzogen, fanden in dem kleinen Besprechungsraum des konservativen Lutheraners statt. In ihm zündete er sich eine Zigarette nach der nächsten an, bis man die Luft in dem Raum schneiden konnte – für mich als Nichtraucher über der Grenze der Erträglichkeit. Mein Postfach im Pfarrbüro trug das Etikett `Lehrvikar´, ohne Namensschild. Entsprechend hatte auch die Person des `Lehrvikars´ – es hatte schon einige Vorgänger gegeben – bei ihm keinen Namen. So sprach er über mich in meiner Anwesenheit etwa so: „Dafür ist der Lehrvikar zuständig" oder, ebenfalls in der 3. Person Singular: „Am kommenden Sonntag predigt der Lehrvikar." Es ist mehr als einmal vorgekommen, dass er mir falsche Termine nannte oder auch falsche Orte an mich weitergab, mit der Absicht, mich unter

Stress zu setzen bzw. mein Image in der Gemeinde zu beschädigen. Einmal passierte es, dass er mir bei einer Beerdigung einen falschen Friedhof genannt hatte. Nur durch glückliche Umstände erreichte ich rechtzeitig den richtigen Ort und war bei der Beerdigung gerade noch pünktlich. Als ich mir in den ewig langen Dienstgesprächen geistesgegenwärtig mit einer dicken Zigarre zu helfen wusste, wurde ihm der Qualm zu viel. Fortan einigten wir uns, während der Dienstgespräche nicht zu rauchen: Politik der gegenseitigen Abschreckung im Kleinen – zum Abgewöhnen.

Schon damals bin ich hin und wieder von Gemeindegliedern gefragt worden: „Könnten Sie mir Ihre Predigt nicht zukommen lassen?" Vereinzelt bin ich damals diesem Wunsch nachgekommen, aber überwiegend habe ich es bei der mündlichen Rede belassen. Für mich gehörte damals zur Predigt auch ihr Rahmen, also der Gottesdienst, in dem sie gehalten wurde. Nachdem mir kürzlich einer der im Ruhestand befindlichen Kollegen berichtete, er habe im Zuge eines Umzuges in eine kleinere Wohnung alle seine Predigten ins Altpapier getan, finde ich den Gedanken tröstlich, einen Teil meiner gehaltenen Predigten von damals in einem Auswahlband versammelt zu wissen. Jede einzelne Predigt habe ich für diese Veröffentlichung noch einmal gelesen, sie nach all den Jahren meinem kritischen Blick unterzogen und sie an den wenigen Stellen, an denen ich nicht zufrieden war, sprachlich leicht überarbeitet. Bilder und Eindrücke von damals, von der Gegend und ihren Bewohnerinnen und Bewohnern, stiegen dabei vor meinem inneren Auge auf.

Gewidmet ist dieses Buch dem Andenken meiner Großeltern: Hermine und Otto Lohmann aus Wangelnstedt und Anna und Hermann Müller aus Lenne im Weserbergland. Ich erinnere mich gerne an sie zurück. Sie haben meine Kindheit mit geprägt und mich auf meinen ersten Schritten in den Glauben begleitet. Meine Großeltern mütterlicherseits waren rechtschaffende Leute, die ich als Kind mit meinen Eltern in ihrem Haus direkt neben der Dorfkirche regelmäßig mehrmals wöchentlich besucht habe. Meine Oma Hermine hatte mir bei meiner Taufe am 16. Juni 1963 mit ihrem Segen ein lutherisches Gesangbuch in meinem Kinderwagen unters Kopfkissen gelegt – vermutlich in der Hoffnung, dass aus mir ein frommer Zeitgenosse oder ein Musiker werden würde (beides ist eingetroffen). Mit meinen Großeltern väterlicherseits, noch im hohen Alter ein lebenslustiges Paar, bin ich in meinem Elternhaus in Eschershausen aufgewachsen. An die beiden erinnern mich nicht nur Gespräche über Gott und die Welt, sondern auch immer wieder ihr Geschenk zu meiner Konfirmation am 15. Mai 1977: eine kleine goldene Uhr mit Widmung. Die Erinnerung an die Vier rückt die gelebte Vergangenheit wieder in greifbare Nähe.

Kadelburg, am Reformationstag
31.10.2011   Thomas O. H. Kaiser

Kadelburg, 3. Auflage, 10.7.2024   Thomas O. H. Kaiser

1. „... alle Zungen bekennen..." (Phil 2, 11)
Universelles Leben[2]

Die Losung für den heutigen Tag steht im Brief des Paulus an die Philipper, Kapitel 2, Vers 11:

„... und alle Zungen bekennen..., dass Jesus Christus der Herr ist, zur Ehre Gottes, des Vaters." (Phil 2, 11)

Das sind mächtige Worte, Ihr lieben Anwesenden: Jesus Christus ist der Herr! Und alle Zungen sollen es bekennen. Zur Ehre Gottes. `Martyrein´ steht im Griechischen, also: das Martyrium erleiden. Alle Zungen sollen es bekennen: in Russisch, Suaheli, Japanisch oder Englisch. Dieser starke Satz: Jesus Christus ist der Herr.
Bei der Beschäftigung mit dem Text erinnere ich mich an Begebenheiten der letzten Zeit. Vier Szenen entstehen vor meinem geistigen Auge.
Erste Szene. Ein Freund, Immobilienmakler in Wuppertal und kritischer Zeitgenosse, der weiß, dass wir jetzt in Wertheim wohnen, ruft mich eines Tages an. „Du", sagt er, „ich hab´ neulich im Fernsehen gesehen, dass in Eurer Gegend eine Sekte, `Universelles Leben´ heißt sie, mit Strohmännern alle Höfe in der Umgebung Wertheims aufkauft. Ein ganz übler Laden ist das." Interessiert höre ich zu. „Die kapseln sich völlig ab und unterziehen ihre Mitglieder einer Gehirnwäsche. Das ist wieder mal typisch. Religion und die Kirche denken

mal wieder nur an das eine. Wie die katholische Kirche. Erst Gehirnwäsche und dann Abkassieren. Was meinst'n Du dazu?" „Jesus Christus ist der Herr, und der befreit", antworte ich ihm. Schweigen am anderen Ende. Dann: „Was ist denn mit dir los? Bist du auf deine alten Tage fromm geworden?" Ich verbringe den Rest des mehrstündigen Telefonats damit, ihm zu erklären, was ich meine. Dass der Glaube an Jesus von Nazareth beispielsweise zur Kritik befähigt gegenüber allem sektiererischen Gedankengut innerhalb und außerhalb der Kirche und dass das Evangelium Jesu Christi die freimachende Botschaft von der freien Gnade Gottes ist.
Zweite Szene. Gemeindebesuche in Wertheim. Bei fünfzehn Ältesten habe ich mich auf Geheiß des `Lehrpfarrers´ zu Hause vorzustellen. Bei einem Besuch begegne ich einer 83jährigen. Sie erzählt von alten, besseren Zeiten. Als noch Schnee lag und der Wirbelsturm `Wiebke´ den Wald noch nicht dem Erdboden gleich gemacht hatte. Auf meine Frage, wie es denn hier im Dorf früher gewesen sei, als sie jung war, und wie das Leben denn im Nationalsozialismus gewesen sei und ob es denn hier Juden gegeben habe, antwortet sie: „Ja – früher gab es viele Jüden in Wertheim. Wir haben bei ihnen eingekauft. Früher, als es sie noch gab. Heute gibt es ja keine mehr." Ob sie etwas gemerkt habe, frage ich, was die Nazis mit den Juden gemacht haben. „Ja", sagt sie, eines Tages sei ihr Mann zu ihr gekommen, der habe gesehen, wie die SS `Jüden klopfen´ gegangen sei. Das haben alle gewusst. Nein, richtig war das nicht, was man da gemacht habe, mit den Jüden." Und: „Die Jüden sind ja auch Menschen"! Sie spricht

von Jüden, und ich kann mir lebhaft vorstellen, wie die Gegend antisemitisch verseucht gewesen ist damals. Unternommen dagegen hat keiner etwas. Auch die Kirche nicht. „Jesus Christus ist der Herr", denke ich. „Der war Jude. Ohne `ü´!"

Dritte Szene. Predigerseminar `Petersstift´ in Heidelberg. Am Mittagstisch geht es um neue sprachliche Formen. `Herr´, so meinen einige, sei doch eine sehr maskuline Sprache, die Sprache der Herrschenden, die des Patriarchats. Wo von Herr die Rede ist, da ist auch Unterdrückung, und die Opfer dieser Unterdrückung seien bis heute vor allem Frauen. Deshalb sei die Rede von `Jesus Christus als dem Herrn´ obsolet und für heutige Christinnen und Christen nichtssagend. „Aber das ist doch mit Martin Luther dialektisch zu verstehen", halte ich dagegen, „Jesus Christus ist doch Herr und Knecht. Der Knecht aller!"

Vierte Szene. Ich sitze vor einem leeren Blatt in meinem Doppelzimmer im `Petersstift´. Der Kopf raucht. Am Montagmittag werde ich auf dem heißen Stuhl sitzen und zum ersten Mal eine Andacht im Kreise der Kolleginnen und Kollegen leiten. Vorne, in der Kapelle des `Petersstifts´. Ich sehe mich im Geiste bereits hinter dem Lesepult stehen. Etwas nervös. Alle werden aufmerksam zuhören, was ich sage. Und ich habe so einen Text. „Alle Zungen sollen bekennen, dass Jesus Christus der Herr ist, zur Ehre Gottes, des Vaters", werde ich lesen.

Und dann werde ich sagen, wer Jesus Christus als der Herr heute für mich ist. Und wo er ist. Ich werde sagen, welche Bilder mir da einfallen:

das Kind, das in den Slums von Rio de Janeiro im Müll spielt;
die alte Frau, die schon an geistiger Verwirrung leidet, und in
den Trümmern von Sarajevo umherirrt und nicht mehr weiß,
wo sie wohnt und wie sie heißt;
die Näherinnen, die in Seoul ihre Arbeitskraft für deutsche
Betriebe verkaufen müssen;
die israelischen Frauen, die jeden Freitag in Jerusalem für
den Frieden demonstrieren;
der Obdachlose, der in Paris bei Temperaturen unter Null
nicht weiß, wo er die nächste Nacht zubringen wird;
die Prostituierten in Bangkok, die sich um ihrer Kinder willen
an japanische und deutsche Touristen verdingen müssen;
der zum Tode Verurteilte, der seit Jahren in den USA auf
seine Hinrichtung wartet und seine Unschuld beteuert;
der Industrielle, der aus seinem christlichem Glauben heraus,
aber gegen seine eigenen wirtschaftlichen Interessen für die
4-Tage-Woche eintritt und sich dabei bei seinen rein kapita-
listisch denkenden Freunden verhasst macht;
der Arbeiter, der im Kernforschungszentrum Karlsruhe letzte
Woche radioaktiv verstrahlt wurde.
Mit ihnen ist und bei ihnen ist Jesus Christus, der Herr. Gegen die Herren dieser Erde. Amen.

2. „Danach sah ich…" (Off 7, 9-12+13-17)
Vom Licht an Weihnachten[3]

Gnade sei mit euch und Friede von Gott, unserm Vater und dem Herrn Jesus Christus. Das biblische Wort für die Predigt steht in der Offenbarung des Johannes im 7. Kapitel, Verse 9-12 und 13-17, der sog. `Apokalypse´:

„Danach sah ich, und siehe, eine große Schar, die niemand zählen konnte, aus allen Nationen und Stämmen und Völkern und Sprachen; die standen vor dem Thron und vor dem Lamm, angetan mit weißen Kleidern und mit Palmzweigen in ihren Händen, und riefen mit großer Stimme: Das Heil ist bei dem, der auf dem Thron sitzt, unserm Gott, und dem Lamm! Und alle Engel standen rings um den Thron und um die Ältesten und um die vier Gestalten und fielen nieder vor dem Thron auf ihr Angesicht und beteten Gott an und sprachen: Amen, Lob und Ehre und Weisheit und Dank und Preis und Kraft und Stärke sei unserm Gott von Ewigkeit zu Ewigkeit! Amen." (Off 7, 9-12)

Was für ein Bild, liebe Gemeinde! In leuchtenden, kräftigen Farben entsteht ein Bild vor unserem Auge. In einem einzigen Bild ist uns das gesamte Evangelium mit kräftigen Pinselstrichen und mit starken Konturen gezeichnet! Aus einer anderen Zeit stammend und doch in unsere Zeit hineinsprechend! Eine große Schar aus allen Völkern und Nationen. Unzählige. Sie stehen vor dem Thron Gottes. Gekleidet in weiße Gewänder. Mit Palmzweigen in den Händen. Im Chor

---

[3] Predigt über Off 7, 9-12+13-17, gehalten am 25. Dezember 1993 (1. Weihnachtstag) in Vockenrot um 9.00 Uhr und in Sachsenhausen um 10.00 Uhr.

rufen sie: Das Heil ist bei dem, der auf dem Thron sitzt. Das Heil ist bei unserem Gott. Und: Das Heil ist bei dem Lamme. Und um den Thron herum: alle Engel. Sie fallen vor dem Thron auf ihr Angesicht. Beten zu Gott. „Lob und Ehre und Weisheit und Dank und Preis und Kraft und Stärke unserem Gott" (Off 7, 12)", beten sie.

Was für ein Bild! Ein Thron, ein Lamm, vier Gestalten um es herum, die Ältesten. Gott sitzt auf dem Thron. Vor ihm das Lamm. Christus, das Lamm Gottes, das die Sünd´ der Welt trägt. Christus, der uns den Frieden gebracht hat. Der Friedefürst. Daneben – vermutlich – die vier Evangelisten, Matthäus, Markus, Lukas, Johannes. Die Engel knien betend davor.

Die große Schar, in den weißen Kleidern, mit Palmzweigen. Sie steht für die, die Christus treu geblieben sind. Besonders in den Zeiten der Verfolgung. Die im Glauben geblieben sind. Sie kommen von überall her. Aus allen Völkern und allen Nationen. Sie kommen zum Thron Gottes. Ohne alle Unterschiede. Sie preisen Gott und das Lamm. Es steht für Christus. Das „geschlachtete Lamm" ist der gekreuzigte Christus. Der sich für uns gegeben hat, der für uns gestorben ist. Zur Vergebung der Sünden. Die Palmzweige: Zeichen der Ehrung. Des Sieges. Des Friedens. Beim Einzug in Jerusalem schwingen die Festpilger Palmzweige. Sie begrüßen den König. Den Friede-Fürsten. Sie machen die Türe hoch und die Tore weit, damit er einzieht. Sie grüßen ihn mit den Zeichen des Friedens. Sie begrüßen den Friede-Fürsten. Die große Schar in unserem Bild trägt Palmzweige. Sie betet Gott und das Lamm an. Zusammen mit der großen Schar der Engel preist sie Gott. „Das Heil ist bei dem, der auf dem Thron sitzt, unserem Gott", rufen die Betenden. „Und bei dem Lamm", singen sie, im Chor. Man hört es förmlich. Tiefe Stimmen und hohe, schräge Töne und richtige. Alle Stimmen: Sopran, Alt, Tenor, Bass, vereint im Chor singen sie. In allen Sprachen. Fremde Worte und bekannte, vereint. Singend preisen alle Gott, der auf dem Thron sitzt. Vielleicht sind sogar Instrumente dabei. Flöten und Posaunen, Harfen und Zimbeln, Pauken und Trompeten. Zum Lobpreis Gottes. „Das Heil ist bei dem, der auf dem Thron sitzt, unserm Gott, und dem Lamm" (Off 7,10), jubeln sie.

Der Schreiber dieser Worte ist Johannes von Patmos. Das Buch, aus dem diese Worte stammen, ist die Apokalypse oder die Offenbarung des Johannes. Das letzte Buch in der Bibel. Ein Buch mit sieben Siegeln für viele. Mit vielen Bildern wie diesem. Johannes hat Visionen. Gesichte. Träume. Er ist verbannt worden auf diese Insel im Mittelmeer: nach Patmos. Wir schreiben das Jahr 98 nach Christi Geburt. Der Tyrann Domitian ist zu dieser Zeit Kaiser. Er wütet. Christenverfolgungen während seiner Herrschaftszeit sind an der Tagesordnung. Die Gläubigen wollen vor der domitianischen Verfolgung ihr Leben retten. Sind auf der Flucht. Viele sind wegen ihres Bekenntnisses hingerichtet worden. Einige fallen ab vom christlichen Glauben, tauchen unter. Andere sind standhaft geblieben, lassen sich durch nichts erschüttern. In dieser Situation hat Johannes von Patmos dieses wunderbare Bild vor Augen. Diese ausdrucksvollen Worte, die er für die Christinnen und Christen in der Not aufschreibt. Eine Hoffnung will er den Menschen damit geben. Er hält damit

fest: Gott sitzt auf dem Thron, auch wenn es jetzt anders aussieht. Wenn jetzt, für alle spürbar, Not und Verzweiflung herrschen. Er verkündet diese Hoffnung den Menschen seiner Zeit. Johannes blickt in den Himmel. Dahin, was nach aller Not ist. Wenn keine Not mehr ist.
Und Not herrscht. Weiter heißt es in der Offenbarung des Johannes 7, Verse 13-17:

„Und einer der Ältesten fing an und sprach zu mir: Wer sind diese, die mit den weißen Kleidern angetan sind, und woher sind sie gekommen? Und ich sprach zu ihm: Mein Herr, du weißt es. Und er sprach zu mir: Diese sind's, die gekommen sind aus der großen Trübsal und haben ihre Kleider gewaschen und haben ihre Kleider hell gemacht im Blut des Lammes. Darum sind sie vor dem Thron Gottes und dienen ihm Tag und Nacht in seinem Tempel; und der auf dem Thron sitzt, wird über ihnen wohnen. Sie werden nicht mehr hungern noch dürsten; es wird auch nicht auf ihnen lasten die Sonne oder irgendeine Hitze, denn das Lamm in der Mitte vor dem Thron wird sie weiden und leiten zu den Quellen des lebendigen Wassers, und Gott wird abwischen alle Tränen von ihren Augen." (Joh 7, 13-17)

Die große Schar, die Gott lobt und anbetet. Aus allen Völkern und Nationen und Sprachen. Jetzt wissen wir, woher sie kommt. „Aus der großen Trübsal", heißt es. Aus Unterdrückung und Not. Die Menschen sind geschunden, zermürbt und zerschlagen. Sie haben gelitten. Die Not bindet sie zusammen. Und die Hoffnung. Sie glauben. An Gott. An Christus, das Lamm. An den Frieden. An eine bessere Zukunft, an eine bessere, gerechtere Welt.

Das verbindet diese Worte mit dem heutigen Tag! Das verbindet ihn mit dem ersten Weihnachtstag, dem ersten Christtag. Dieser Glaube, diese Hoffnung. Dieser Glaube an Gott. An Christus, das Lamm, den Frieden. Dieser Glaube an eine bessere, gerechtere Welt. Weihnachten feiern wir die Menschwerdung Gottes. Die Geburt unseres Heilandes, die Geburt unserer Hoffnung. „Das Volk, das im Finstern wandelt, sieht ein großes Licht... Denn uns ist ein Kind geboren, ein Sohn ist uns gegeben, und die Herrschaft ruht auf seiner Schulter, und er heißt Wunder-Rat, Gott-Held, Ewig-Vater, Friede-Fürst." (Jes 9, 1+5)

Gott ist Mensch geworden. Ein wehrloses Kind. In der Krippe liegend. Unter dem Stern, der über dem Stall steht. Er weist den Weisen aus dem Morgenland den Weg. Zum Kind im Stall. Zum Licht des Lebens. Zum Licht, das leuchtet in der Finsternis. Zur Hoffnung für die Armen. Zur Hoffnung für uns alle. Auch für die, die kaum noch Hoffnung haben. Die Hirten brechen in der Nacht auf. Wollen nach Bethlehem. Sie finden den Stall. Beugen anbetend die Knie. Auf ihren Gesichtern liegt der weihnachtliche Glanz. Ihre Augen sehen das Kind, unseren Heiland. Die Finsternis tragen sie noch in ihren Mänteln.[4] In ihren Ohren hören sie noch den Lobpreis der Engel: „Ehre sei Gott in der Höhe und Friede auf Erden bei den Menschen seines Wohlgefallens." (Lk 2, 14) Die Hirten verheißen uns die Freudenbotschaft. Die Hirten und die Weisen aus

---

[4] Ich verdanke dieses Bild Prof. Dr. Walter Eisinger (1928-2014). Er verwendete es am 18. Dezember 1993 in seiner Andacht vor dem Kreis sog. `Lehrvikarinnen und -vikare´ im `Petersstift´ in Heidelberg.

dem Morgenlande, Frauen und Männer, arm und reich, erzählen von dem Wunder, das sie gesehen haben und das an Weihnachten geschehen ist. Erzählen von dem Kind, das in einer Krippe geboren wurde. In tiefster Niedrigkeit. Haben bekannt den Gott, der zum Menschen wurde. Zum unschuldigen Kind. Zum Knecht. Zum Herrn. Zu dem, der durch die Römer als Verbrecher den Tod am Kreuz erleiden musste, die schlimmste Form der Hinrichtung damals. Haben bekannt das unschuldige Lamm, das zum Befreier wurde, Jesus Christus.

Wie die Hirten die Finsternis in ihren Mänteln tragen und ihre Gesichter in weihnachtlichem Glanze leuchten, so ist auch die Schar derer, die Johannes von Patmos zum Lamm Gottes ziehen sieht, aus großer Trübsal ausgezogen. Ausgezogen ist diese Schar aus dem Leid wie einst Mose aus Ägyptenland. Ein Exodus, ein Auszug – zum Fest, ins Leben. Aus dem Alltag in den Himmel. Zum Lamm, das einst in einer Krippe lag und jetzt herrscht. Aber nicht wie die ungerechten Herrscher dieser Welt. Es zieht sie vielmehr zum Friede-Fürsten, der neben dem Vater auf dem Thron sitzt. Jetzt. Viel Leid haben sie auf sich genommen. Aus großer Trübsal kommen sie. Aus der Trübsal und dem Leid des Alltags. Aus der Wirklichkeit. Zu einem Fest gehen sie. Um Gott die Ehre zu geben, um Jesu Christi willen. Sie wissen: Glauben sie an ihn, so werden sie „nicht mehr hungern noch dürsten" (Joh 7, 16). Das Lamm wird sie leiten zu den Quellen lebendigen Wassers und Gott wird abwischen alle Tränen von ihren Augen. Kein Dürsten und Darben ist mehr. Ein großer Friede herrscht. Der, der höher ist, denn alle Vernunft. Und Gott wird

„abwischen alle Tränen von ihren Augen" (Joh 7, 17). Diese Gegenwirklichkeit zu unserer Wirklichkeit, von der Johannes von Patmos spricht, dieser himmlische Friede im Gegensatz zu unseren irdischen Verhältnissen, zu unserem Alltag – dies bricht mit Weihnachten an. Mit Christi Geburt.

Die Worte aus der Offenbarung des Johannes von Patmos fordern uns dazu auf, in den Chor derer, die Gott preisen, mit einzustimmen. Wir sind mit hineingenommen in diese große Schar und sind eingeladen, mit ihr in das Lob Gottes einzustimmen, Gott zu ehren und anzubeten, Gott zu loben. Von ihm zu singen. „Mein Gott, dein hohes Fest des Lichtes hat stets die Leidenden gemeint"[5], singt der Dichter Jochen Klepper. Diese Anbetung und dieses Lob Gottes sprechen, bekennen und singen wollen auch wir. Darin sind wir mit hineingenommen in die Weihnachtsgeschichte: „Amen, Lob und Ehre und Weisheit und Dank und Preis und Kraft und Stärke sei unserm Gott von Ewigkeit zu Ewigkeit" (Off 7, 12). Das zeichnet die Gemeinde Christi aus: das Lob Gottes anzustimmen im Hier und Jetzt. Dafür steht Weihnachten. Das Fest der Geburt Jesu Christi, das Fest des Friedens.

Liebe Gemeinde!

Lassen wir uns nicht von den Chaosbildern bestimmen, die täglich auf uns einprasseln. Die Bilder von Not, Elend und Krieg. Auf die wir gebannt schauen, sie hinnehmen mit den Worten: „Die Welt ist eben so." Oder: „Die Menschen sind halt so. Da kann man nichts machen." Nein! Lassen wir uns leiten

---

[5] Jochen Klepper, Abendmahlslied zu Weihnachten, in: Wolfgang Erk (Hg.), Weihnachtsveranstaltungen, Stuttgart 1977, 105.

von dem Bild des großen Friedens, das Johannes uns zeichnet. Schauen wir auf das Bild des großen Friedens, das viele von uns an Weihnachten unter ihrem Tannenbaum aufgebaut haben: Das Bild von Maria und Josef, von den Tieren – Ochs und Esel –, von den Hirten und den Weisen aus dem Morgenland, die zum Kind ziehen und es anbeten. Vielleicht finden wir uns selbst in einer dieser Krippenfiguren wieder. Als einer der Weisen aus dem Morgenland, von weit her kommend. Oder als einer der Hirten, die die Finsternis noch in ihren Mänteln tragen. Tanken wir in dieser Weihnachtszeit auf und kommen wir zur Ruhe. Nehmen wir das große Bild des Friedens in uns auf. Machen wir uns auf wie die Hirten aus der Dunkelheit. Wie die große Schar des Johannes von Patmos aus der großen Trübsal. Lassen wir den weihnachtlichen Glanz auf unsere Gesichter fallen. Lassen wir uns von der weihnachtlichen Wärme beleben. Denn wer den Glanz von Weihnachten in sich aufnimmt, der kommt in Bewegung. Wem die Wärme von Weihnachten in die Glieder fährt, den verlässt die lähmende Kälte. Wer den Frieden in sein Herz einziehen lässt – den Frieden, von dem die Engel singen: „Ehre sei Gott in der Höhe und Friede auf Erden bei den Menschen seines Wohlgefallens" (Lk 2, 14) – wer diesen Frieden in sein Herz einziehen lässt, der findet sich nicht mit dem Unfrieden der Welt ab. Der akzeptiert die herrschende Ungerechtigkeit allerorten nicht. Der hält an dem großen Frieden fest, den Gott für uns verheißen hat. Der Frieden, der höher ist, denn alle Vernunft. Amen.

3. „Ein Weiser rühme sich nicht…" (Jer 9,22+23)
Vom Weise-Sein[6]

Gnade sei mit euch und Friede von Gott unserm Vater und dem Herrn Jesus Christus. Das biblische Wort für die Predigt steht beim Propheten Jeremia im 9. Kapitel, Verse 22+23:.

„So spricht der HERR: Ein Weiser rühme sich nicht seiner Weisheit, ein Starker rühme sich nicht seiner Stärke, ein Reicher rühme sich nicht seines Reichtums. Sondern wer sich rühmen will, der rühme sich dessen, dass er klug sei und mich kenne, dass ich der HERR bin, der Barmherzigkeit, Recht und Gerechtigkeit übt auf Erden; denn solches gefällt mir, spricht der HERR." (Jer 9, 22+23)

Liebe Gemeinde!

Vom Rühmen ist in diesem biblischen Wort die Rede: Vom Rühmen. Ein Weiser soll sich nicht seiner Weisheit rühmen. Ein Starker soll sich nicht seiner Stärke rühmen. Und ein Reicher nicht seines Reichtums.

Weisheit, Stärke, Reichtum. Was verstehen wir heute darunter? Was verbinden Sie mit diesen Worten? Was fällt Ihnen dazu ein? Oder Euch, liebe Konfirmandinnen und Konfirmanden? Weisheit. Stärke. Reichtum. Lassen wir unsere Gedanken kurz um diese Wörter kreisen.

Weisheit: Aus der Bibel haben wir von der Weisheit gehört.

---

6 Predigt über Jeremia 9, 22+23, gehalten im Gottesdienst am 30. Januar 1994 (Septuagesimä) in Sachsenhausen um 10.00 Uhr und in Wertheim-Wartberg um 14.30 Uhr. Wenn in der Predigt der Ort namentlich erwähnt wurde, wurde er beim zweiten Predigtort im Predigtvortrag natürlich entsprechend geändert. Im Druck blieb es aus Gründen der besseren Lesbarkeit bei *einer* Erwähnung des Ortes.

Die drei Weisen aus dem Morgenland fallen einem sofort ein. Vermutlich auch der weise König Salomo. Oder die klugen Weisheiten des Predigers wie: „Alles hat seine Zeit." In unserem Alltag taucht das Wort Weisheit heutzutage meist nur in der Zeitung auf. Oder im Fernsehen. Manchmal in den Nachrichten. Wenn es darum geht, dass Deutschland in einer Krise steckt. Dann taucht der sogenannte Rat der `Fünf Weisen´ auf. Männer aus der Wirtschaft. Sie kennen sich aus, sind Fachleute. Sie machen sich über die Konjunktur Gedanken, stellen Prognosen auf. Gelten für viele als Weise. Ihnen schenkt man Aufmerksamkeit.[7]

Für viele gilt auch unser Bundespräsident[8] als weise. Sein Amt steht für die Weisheit im Staate. Er gilt für viele heute als der weiseste Mann in unserem Staat. Und das hat vermutlich nicht nur etwas mit den schlohweißen Haaren des amtierenden Bundespräsidenten zu tun. Sondern mehr mit seinem diplomatischen Geschick. Seiner Besonnenheit. Weisheit soll auch seinen Nachfolger auszeichnen. Der Bundespräsident wird geachtet und respektiert. Auf sein Wort hört man.

Aber, wie gesagt, das alles kennen wir nur aus dem Fernsehen, aus der Zeitung. Haben Sie schon einmal einen Weisen persönlich kennengelernt? Wer fällt Ihnen ein, der weise ist? In Ihrer näheren Umgebung etwa? Hier vielleicht in Sachsenhausen? Im Sport- oder im Gesangsverein? Fällt Ihnen ein Weiser aus Ihrer Kindheit ein? Eine alte Frau, ein betagter

---

[7] Heute hat der `Sachverständigenrat zur Begutachtung der gesamtwirtschaftlichen Entwicklung´ eine eigene Web-Präsenz, vgl. http://www.sachverstaendigenrat-wirtschaft.de/ (zuletzt aufgerufen am 30. April 2024).
[8] Gemeint ist Bundespräsident Dr. Richard von Weizsäcker (1920-2015), der als Bundespräsident der Bundesrepublik Deutschland von 1984 bis 1994 amtierte.

Mann, die Ältesten in der Gemeinde? Die mit viel Lebenser-
fahrung? Lebensweisheit? So jemand galt doch dann im Dorf
als weise. Dessen Rat nahm man gerne an. Darf sich ein
Weiser mit seiner Weisheit rühmen? „Ein Weiser", so unser
biblisches Wort, „ein Weiser rühme sich nicht seiner Weisheit..." (Jer 9, 22)

Das gleiche gilt für den Starken. Stark sein – das ist für viele
ein Traum. Viele von uns möchten so stark sein wie der Riese
Goliath, der sich vor dem kleinen David aufgebaut hat. Als
unbesiegbar hat Goliath gegolten. Stark sein – das ist ein
Traum. Wenn wir stark sind, dann hoffen wir, dass wir unsere
Probleme lösen können. In der Politik. Im Alltag. In der Familie. Deshalb rufen einige in Deutschland wieder nach dem
starken Mann. Nach einem, der aufräumt. Der zeigt, wo´s
langgeht. Doch das ist sehr gefährlich. Wie gefährlich, das
zeigt uns die Geschichte: Heute vor genau 61 Jahren war der
Tag der sogenannten Machtergreifung in Deutschland. Der
Anfang der Nazi-Diktatur. Da war für viele so ein `starker
Mann´ gekommen. Auch in der Kirche hatte er Anhänger. Die
Deutschen Christen. Kirchenleute in brauner Uniform und mit
brauner Gesinnung. Sie haben sich damals stark gefühlt. Haben sich ihrer Stärke gerühmt. Geprahlt. Von der `Herren-
rasse´. Sie haben Gott vergessen. Und bald darauf auch ihre
Nächsten. Die jüdischen Gotteshäuser wurden zerstört. Auch
hier in Wertheim. Die Juden wurden zuerst diskriminiert, dann
vertrieben, dann umgebracht.[9] Eine Tafel ist heute dort, wo

---

[9] Einige Städte und Gemeinden in der Bundesrepublik Deutschland haben ihre Geschichte
im Blick auf den Nationalsozialismus inzwischen aufgearbeitet, vgl. exemplarisch Elmar

damals die Synagoge stand, angebracht, zur Mahnung für alle. Besonders für die, die wieder einen starken Mann wollen.

Und schließlich der letzte Begriff, um den wir unsere Gedanken kreisen lassen wollen: Der Reichtum! „...ein Reicher rühme sich nicht seines Reichtums" (Jer 9, 22), steht in der Bibel. Was heißt das für uns? Gehören wir Deutschen nicht zu einer der reichsten Industrienationen der Erde? Geht es uns nicht gut, verglichen mit den Ländern rings um uns herum in Europa? Haben wir nicht eines der besten Sozialsysteme der Welt? Und rühmen wir nicht oft diesen Reichtum? Wollen ihn ständig steigern? „Jetzt wird wieder in die Hände gespuckt, wir steigern das Bruttosozialprodukt"[10], sind die Worte eines bekannten Schlagers. Die Leute sagen: „Die Deutschen können arbeiten. Deshalb sind sie auch so ein wohlhabendes Volk." Vom „Aufschwung" redet der Kanzler[11]. „Deutschland muss reicher werden." Und niemand soll sich seines Reichtums schämen. Ja, viele sagen: „Ach, was geht´s uns doch gut! Dass wir das alles haben: Ein Haus. Ein Auto." Ja, sie erzählen auch gerne von ihrem Reichtum. Am liebsten dem Nachbarn. Und in der Schule. Von der schönen Chevignon-Jacke. Von Super-Mario und dem Gameboy. Der neuen Video-Kamera. Wohin sie nächstes Jahr in Urlaub fahren. Sie rühmen sich ihres Reichtums.

Weiss, Zeugnisse jüdischer Existenz in Wenkheim (Verein zur Erforschung jüdischer Geschichte und Pflege jüdischer Denkmäler im Tauberfränkischen Raum; Bd. 1), Osterburken 1992.

[10] So der bekannte Song der deutschen Popgruppe ´Geier Sturzflug´ aus dem Jahr 1983: https://www.youtube.com/watch?v=RUdyqJuJOAs (zuletzt aufgerufen am 30. April 2024).

[11] Gemeint ist Dr. Helmut Kohl (geb. 1930), der als Bundeskanzler der Bundesrepublik Deutschland von 1982-1998 amtierte.

Davor aber warnt uns Gottes Wort. Uns zu rühmen damit. Davor genau sollen wir uns hüten! „Ein Weiser rühme sich nicht seiner Weisheit, ein Starker rühme sich nicht seiner Stärke, ein Reicher rühme sich nicht seines Reichtums" (Jer 9, 22). „Sondern wer sich rühmen will", so heißt es weiter, „der rühme sich dessen, dass er klug sei und mich kenne, dass ich der HERR bin, der Barmherzigkeit, Recht und Gerechtigkeit übt auf Erden..." (Jer 9, 23) Dass man klug ist und den HERRN kennt: dessen sollen wir uns rühmen. Den HERRN rühmen. Denn der HERR übt Barmherzigkeit. Der HERR übt Recht. Der HERR übt Gerechtigkeit. Was heißt das nun für uns?

Manch einer, der krank war von uns, hat es bereits erfahren: Was brauchen wir all die Weisheit, all die Stärke, all den Reichtum, wenn es uns schlecht geht? Wenn wir krank sind. Vielleicht bald im Sterben liegen? Der HERR richtet die auf, die mühselig und beladen sind. Der HERR ist bei den Kranken, bei den Schwachen. Seine Kraft ist in den Schwachen mächtig. Vor allem bei denen, die nichts haben oder nur wenig. Der HERR ist bei denen, die arm sind. Der HERR ist bei denen, die auf der Flucht sind. Der HERR ist bei den Asylsuchenden, etwa bei denen oben in den Peden Barracks, da, wo früher die amerikanischen Soldaten stationiert gewesen sind und die dann zu Wohnungen für Asylsuchende umfunktioniert worden sind. Der HERR ist bei den Asylsuchenden, die in dem Sammellager dort oben untergebracht sind, Kinder und alte Menschen, Frauen und Männer, denen der Krieg alles genommen hat. Das sind Menschen, die mit nichts hier ankommen. Und die bei uns Zuflucht suchen, die angewiesen sind auf unsere Barmherzigkeit. An ihnen, den Asylsuchenden, übt der HERR Barmherzigkeit. Die Leute, die es trotz des strikten Asylrechts der Bundesrepublik Deutschland doch noch schaffen, zu uns zu kommen – sie sind angewiesen auf unser Recht. Auch wir als Kirchengemeinde haben uns für ihre Rechte einzusetzen, uns um sie zu kümmern. Denn wir bekennen einen HERRN, der Recht übt und Barmherzigkeit auf Erden. Um Gottes Willen haben wir uns für sie hier einzusetzen: Denn wir bekennen einen HERRN, der Gerechtigkeit übt auf Erden.

Der HERR sei bei uns. Seien wir klug und rühmen uns, dass wir ihn kennen. Denn das gefällt dem HERRN. Lenken wir unsere Gedanken auf das Wesentliche. Nicht auf Weisheit. Nicht auf Stärke. Nicht auf Reichtum. Sondern darauf, dass wir klug sind und den HERRN kennen. Erinnern wir uns heute, an diesem 30. Januar 1994, an die, die vor 61 Jahren klug gewesen sind. Die gewusst haben, wer der HERR ist. Die ihn gekannt haben. Die damals gegen das Unrecht öffentlich protestiert haben. Nehmen wir uns ein Beispiel an denen, die damals dem HERRN gefallen haben. Erinnern wir uns an die, die in Berlin den Diktator aus Verantwortung für ihre Nächsten töten wollten – ich meine hier insbesondere Hans von Dohnanyi und Dietrich Bonhoeffer.[12] Erinnern wir uns an die, die für ihren Glauben, für ihre Überzeugung gestorben sind. An die vielen Märtyrer. Erinnern wir uns an die,

---

[12] Ich beschäftigte mich mit beiden zentralen Personen des militärischen Widerstands gegen Hitler ausführlich im Studium. Später habe ich meine Gedanken dazu veröffentlicht, vgl. Hans von Dohnanyi. Ein Liberaler im Widerstand gegen Hitler, in: liberal. Vierteljahreshefte für Politik und Kultur, 2/1995, 61-70, und Dietrich Bonhoeffer – Theologe der Freiheit in Verantwortung, in: liberal, Vierteljahreshefte für Politik und Kultur, 1/2006, 54-58.

die sich hier in der Umgebung nicht mit dem Unrecht abgefunden haben. Die damals laut aufgeschrien haben, als sie mitbekommen haben, was ihren jüdischen Nachbarn angetan wurde. Seien uns diese Leute ein Beispiel. Sie haben damals Gott mit Worten und mit Taten gerühmt. Sie waren klug und wussten, wo der HERR gestanden hat. Tun wir es ihnen nach. Seien auch wir Boten des HERRN, seine Werkzeuge. Widersprechen wir öffentlich, wenn wir jemanden sehen, dem Unrecht geschieht. Drehen wir uns dann nicht schweigend weg! Und lassen wir nicht zu, dass den Rechtsextremisten mehr Raum in der Öffentlichkeit gewährt wird. Hören wir auf den Propheten Jeremia: Rühmen wir uns dessen, dass wir klug sind und ihn kennen. Dass er der HERR ist. Der Barmherzigkeit übt. Recht und Gerechtigkeit. Und handeln wir danach! Denn solches gefällt dem HERRN. Amen.

4. „Wie wir es gehört haben..." (Ps 48, 9)
Von der Stadt Gottes[13]

Gnade sei mit euch und Friede von Gott unserm Vater und dem Herrn Jesus Christus. Die Losung für den heutigen Tag steht im Psalm 48, Vers 9:

„Wie wir es gehört haben, so sehen wir es an der Stadt des HERRN Zebaoth, an der Stadt unsres Gottes: Gott erhält sie ewiglich." (Ps 48, 9)

Liebe heutige, große Hausgemeinde!
Von der Stadt Gottes ist hier die Rede. Die Stadt des HERRN. Gott erhält sie – ewig. Von welcher Stadt können wir das behaupten? Eine Stadt, die ewig ist? Beim Nachdenken über die Ewigkeit und die Vergänglichkeit von Städten kam mir die Idee, Sie und Euch mitzunehmen auf eine Reise zu einem kleinen Jungen und zu einer Stadt. Es ist zugleich auch eine Reise in die Vergangenheit.
Die schönste Reise – um es einmal mit dem Tübinger Rhetorik-Professor Walter Jens zu sagen – findet im Kopfe statt. Und so ist es. Wir sehen ein Kind vor unserem geistigen Auge, einen Jungen, elf Jahre alt. Braune Augen, braune

---

[13] Predigt zu Ps 48, 9, gehalten im Rahmen einer Mittagsandacht im Predigerseminar `Petersstift´ in Heidelberg am 18. Februar 1994, 12.00-12.15 Uhr, vor sog. `Lehrvikarinnen und -vikaren´ und Jurastudierenden des Juristischen Seminars Freiburg. Diese hatten traditionellerweise eine Exkursion nach Heidelberg unternommen, um dort ihr kirchenrechtliches Seminar zum Thema `Das Recht des göttlichen Dienstes´ unter der Leitung von Prof. Dr. Alexander Hollerbach (1931-2020) und Oberkirchenrat Prof. Dr. Jörg Winter (geb. 1944) zu beschließen.

Haare, kräftig gebaut, recht sportlich. Er lebt in der niedersächsischen Kleinstadt E. Nennen wir den Jungen Otto. Otto wächst dort wohl behütet inmitten einer großen Familie auf, ist der Jüngste und wird von allen umsorgt. Von Mutter, Vater, seiner Schwester und den beiden Großeltern. Er hat auch viele Freunde. Mit denen spielt er gern Skat und Cowboy und Indianer, wobei er lieber auf der Seite der Indianer steht als auf der der Cowboys. Er hat auch einen richtigen Federschmuck und er ist beim Spiel bestrebt, zu gewinnen. Er ist aufgeweckt und fröhlich und er hat eine ausgeprägte Fantasie, und die braucht ständig neue Anregungen. Otto schwimmt gern, er freut sich besonders, wenn er mit seinen Schulkameraden den Nachmittag in der Badeanstalt verbringen kann und die Sonne scheint, die mag er auch. Seine Freunde holen ihn meistens ab, wenn sie gehen, und dann fahren sie meist zusammen mit dem Fahrrad dorthin, schnell. Otto will immer der schnellste sein. Wenn da nur nicht dieses Pfeifen wäre auf den Lungen. Dieses hohe Piepsen. Wenn er Luft holen muss beim Fahrradfahren. Immer wenn die Blumen blühen. Und wenn Otto sich anstrengt.

Und dann ist es wieder so weit. In regelmäßigen Abständen kommt es. Otto merkt es, wenn es so weit ist. Langsam, oft mitten in der Nacht. Der schwere Atem, dieses Pfeifen, dann das Röcheln. Die Beklemmung. Er kann dann kaum noch etwas essen, höchstens Zwieback, wird schwach, verliert all seine Kraft. Er wird dann panisch, droht zu ersticken.

Seine Mutter weiß das, sie legt ihn ins Bett, umsorgt ihn, ist immer für ihn da, auch nachts. Ein Anfall, pünktlich auf die Minute. Ottos Eltern kennen das. Er hat diese Asthma-Anfälle seit seinem ersten Lebensjahr. Eine Woche lang dauert die Krankheit, wird ihn ans Bett fesseln. In der Zeit, Ende der sechziger, Anfang der siebziger Jahre sind die rettenden Asthmasprays noch weitgehend unbekannt. Wer krank wird, droht zu ersticken. Regelmäßig alle vier Wochen kommen sie, diese Erstickungsattacken. Einmal ist es so schlimm, dass die Ärzte ihren kleinen Patienten aufgeben und die Rede von einem Wunder ist, wenn er überlebt. Dann kommt er, der Hausarzt, endlich, und mit ihm die Spritzen. Es geht Otto schon besser, wenn er den weißen Kittel sieht. Der Arzt sagt: „Ein Indianer kennt keinen Schmerz." Ein leises Lächeln. Über zwanzig Spritzen bekommt er in dieser Woche, die er wie immer nur liegend im Bett verbringen kann. Jeden Tag vier. Sein linker Arm ist dann nach einer Woche völlig zerstochen. Nach jeder Spritze – sie enthält, wie er viele Jahre später erfahren wird, konzentriertes Koffein, das die Bronchien weitet –, nach jeder Spritze bekommt er wieder Luft. Kann auch wieder schlafen. Und lesen. Lesen ist die einzige Beschäftigung, die ihm in dieser Zeit bleibt, die ihn nicht so anstrengt. Wozu er aufrecht sitzen muss, und Luft bekommt. Luft. Frei atmen kann. Und Otto liest. Er verschlingt Bücher, meterweise, frisst sie geradezu. Am liebsten hat er es, wenn ihm seine Oma vorliest. Märchen, von Grimm, Hauff und die von Tausendundeiner Nacht. Bald kennt er sie alle, Kalif Storch, Ali Baba und die vierzig Räuber und Zwerg Nase. Und dann bekommt er von seinen Eltern ein riesiges, dickes Buch geschenkt, die Sagen der Griechen und Römer. In denen liest er dann selbst, die gefallen ihm, noch mehr als

die Märchen. Diese Erzählungen vom Olymp, dem Götter-
himmel und die Geschichten von dem starken Herkules, von
Zeus und Hera, Orpheus und Eurydike. Von den beiden Alten
Philemon und Baukis, die ohne Wissen einen Gott beherber-
gen und die – ihrem Wunsch gemäß – zusammen sterben
dürfen. Und von Hektor und Achill, dem König und dem Halb-
gott.
Ja, und hier, liebe Hausgemeinde, hier erfährt Otto zum ersten Mal von einer großen alten Stadt. Troja heißt sie. Die grie-
chische Stadt, die vor vielen tausend Jahren belagert wurde.
Und die nicht eingenommen werden konnte. Vom Trojani-
schen Pferd erfährt er etwas, von dieser List, mit dessen Hilfe
die Besatzer dann schließlich doch die Stadt eroberten. Dieser Trick gefällt Otto sehr. Besonders deutlich ist ihm auch
die Stelle vor Augen, wo der Leichnam des Hektor von Achill
um die Stadt geschleift wird. Bevor ihre Mauern geschleift
werden und die Stadt dem Erdboden gleichgemacht wird.
Otto hat sich immer gefragt: Wie konnte eine ganze Stadt zerstört werden, eine Stadt, die doch als uneinnehmbar galt?
Wie kann so etwas geschehen – eine ganze Stadt? Und dann
träumt er. Er träumt, wie es wohl gewesen wäre, wenn diese
Stadt nicht zerstört worden wäre, wenn ihre Mauern nicht geschleift worden wären, wenn Hektor noch leben würde – und
wenn er selbst gesund wäre....: *„Wie wir es gehört haben, so
sehen wir es an der Stadt des HERRN Zebaoth, an der Stadt
unsres Gottes: Gott erhält sie ewiglich"* (Ps 48, 9). Amen.

5. „Und sie führten ihn heraus..." (Mk 15, 20b-34)
Passionszeit[14]

„Und sie führten ihn heraus, dass sie ihn kreuzigten. Und zwangen einen, der vorüberging, mit Namen Simon von Kyrene, der vom Feld kam, den Vater des Alexander und des Rufus, dass er ihm das Kreuz trage. Und sie brachten ihn zu der Stätte Golgatha, das heißt übersetzt: Schädelstätte. Und sie gaben ihm Myrrhe in Wein zu trinken; aber er nahm's nicht. Und sie kreuzigten ihn. Und sie teilten seine Kleider und warfen das Los, wer was bekommen solle. Und es war die dritte Stunde, als sie ihn kreuzigten. Und es stand über ihm geschrieben, welche Schuld man ihm gab, nämlich: Der König der Juden. Und sie kreuzigten mit ihm zwei Räuber, einen zu seiner Rechten und einen zu seiner Linken. Und die vorübergingen, lästerten ihn und schüttelten ihre Köpfe und sprachen: Ha, der du den Tempel abbrichst und baust ihn auf in drei Tagen, hilf dir nun selber und steig herab vom Kreuz! Desgleichen verspotteten ihn auch die Hohenpriester untereinander samt den Schriftgelehrten und sprachen: Er hat anderen geholfen und kann sich selber nicht helfen. Ist er der Christus, der König von Israel, so steige er nun vom Kreuz, damit wir sehen und glauben. Und die mit ihm gekreuzigt waren, schmähten ihn auch. Und zur sechsten Stunde kam eine Finsternis über das ganze Land bis zur neunten Stunde. Und zu der neunten Stunde rief Jesus laut: Eli, Eli lama asabtani? das heißt übersetzt: Mein Gott, mein Gott, warum hast du mich verlassen?" (Mk 15, 20b-34)

---

[14] Predigt zu Mk 15, 20-34, gehalten im Rahmen einer ökumenischen Passionsandacht zu einer Bildmeditation in Wertheim-Wartberg am 30. März 1994 um 10.00 Uhr und am 31. März 1994 in Vockenrot um 9.00 Uhr sowie in Sachsenhausen um 10.00 Uhr.

Liebe Gemeinde!

Passionszeit – Leidenszeit. Das Kreuz: Symbol – Zeichen – des Leidens Jesu. Wir wollen das Bild betrachten, nicht nur mit den Augen, auch mit den Herzen, jede und jeder für sich einen Moment in der Stille.

Zwei Hände halten ein Kreuz. Ein Kreuz aus Holz. Verletzte Hände. Auf den Unterarmen Kratzer, Wunden. Sie weisen uns auf das Leiden hin, auf die Schmerzen, auf das Kreuz. Angst, Schuld, Zerrissenheit und Ohnmacht. Was müssen diese Arme umfassen. Das Kreuz, die ganze Last des Kosmos. Das Gewicht der Welt, mit dem sonst niemand fertig wird. Die Hände halten das Kreuz fest. Wer von uns will das Kreuz schon schleppen? Die Lasten tragen? Wer will das schon? Wer will den Kreuzweg gehen? Verdrängen wir nicht lieber die Lasten des Alltags? Die Lasten, die uns bedrücken? Die Sorgen im Beruf, den Stress in der Schule, die Auseinandersetzungen mit den Eltern, den Streit in der Ehe? Wer von uns wendet sich gerne fremdem Leid zu? Der Krankheit des Arbeitskollegen, den Problemen der Nachbarn? Der Einsamkeit von Bekannten? Nein, Leid und Sorgen wollen wir nicht haben bei uns. Das Kreuz wollen wir nicht haben. Wir schieben es an den Rand. Denn ein schönes Leben wird uns doch überall verheißen, ein Leben ohne Kreuz. Etwa auf den Plakatwänden beim Supermarkt. Oder im Fernsehen, in der Werbung. Ein leichtes Leben wird uns dort versprochen. Leicht – ohne Schmerz, ohne Leid, ohne Not. Wir sollen in den Tag hinein leben, verspricht die Werbung. Es uns gut gehen lassen, uns um uns selbst kümmern. Ohne Kreuz. Doch unsere Welt ist nicht ohne Leid. Und das Kreuz steht in unserer Welt. Wir sehen das Kreuz in unserer Welt, wenn wir von der Umweltzerstörung hören. Wir sehen das Kreuz in unserer Welt, wenn wir von großer Armut hören. Wir sehen das Kreuz in unserer Welt, wenn wir von Krieg und Not hören. Vom Krieg im ehemaligen Jugoslawien. Von der wirtschaftlichen Not in Russland. Oder von der Unsicherheit in der Ukraine.

Wir erleben das Kreuz auch in unserer Umgebung, in unserem Alltag: Wenn wir unsere Arbeit verlieren und keine Aussicht haben, eine neue zu finden. Wenn ein Bekannter mit fünfzig Jahren an Krebs stirbt. Wenn ein kleines Kind im Straßenverkehr umkommt. Die Sorge um Bekannte in weiter Ferne. Oder wenn man niemanden hat, mit dem man reden kann, der einen anhört, der zuhört. Was sind unsere Sorgen, die uns bedrücken? Was ist unser Kreuz? Gott hat sich bis in die tiefsten Leiden der Welt hinab begeben. Er lässt uns nicht los, wendet sich nicht ab. In seinem Sohn Jesus Christus ist er da. Er trägt unser Leid in seinen Händen. Er begibt sich so tief in unser Leid hinein, dass er die Spuren des Leidens am Körper trägt. Die wunden Finger und die zerkratzten Arme. Er zieht unser Leid an. Blutrot ist sein Gewand. So dicht ist er bei uns in unserm Leid, dass er selbst das Leid trägt, am eigenen Körper trägt. Er trägt das Kreuz. Er trägt unser Kreuz mit seinen Händen. Er geht nicht den bequemen Weg. Den Weg, der viel verspricht. Den Weg, der aber doch nur an der Oberfläche bleibt. Der keine Kratzer hinterlässt, keine Spuren. Er geht den Kreuzweg. Er verschließt seine Augen nicht vor dem Leid, vor dem Unrecht und den Sorgen anderer. Er ist für uns da.

HERR, mein Gott, mein Kreuz lege ich in deine Hände. Mein Leben vertraue ich dir an. Ich bitte dich: Schenke mir offene Augen für die Not anderer. Schenke mir Hände, die anderen helfen, ihr Leid zu ertragen. Mein Leben, HERR, lege ich in deine Hände.

6. „Als… der Sabbat vorüber war...“ (Mt 28, 1-10) Osternacht[15]

Gnade sei mit euch und Friede von Gott unserm Vater und dem Herrn Jesus Christus. Das biblische Wort für heute steht beim Evangelisten Matthäus im 28. Kapitel:

„Als aber der Sabbat vorüber war und der erste Tag der Woche anbrach, kamen Maria von Magdala und die andere Maria, um nach dem Grab zu sehen. Und siehe, es geschah ein großes Erdbeben. Denn der Engel des Herrn kam vom Himmel herab, trat hinzu und wälzte den Stein weg und setzte sich darauf. Seine Gestalt war wie der Blitz und sein Gewand weiß wie der Schnee. Die Wachen aber erschraken aus Furcht vor ihm und wurden, als wären sie tot. Aber der Engel sprach zu den Frauen: Fürchtet euch nicht! Ich weiß, dass ihr Jesus, den Gekreuzigten, sucht. Er ist nicht hier; er ist auferstanden, wie er gesagt hat. Kommt her und seht die Stätte, wo er gelegen hat; und geht eilends hin und sagt seinen Jüngern, dass er auferstanden ist von den Toten. Und siehe, er

---

[15] Predigt zu Mt 28, 1-10, gehalten im Gottesdienst zu am 2. April 1994 (Ostern) in Wertheim-Wartberg um 10.00 Uhr.

wird vor euch hingehen nach Galiläa; dort werdet ihr ihn se-
hen. Siehe, ich habe es euch gesagt. Und sie gingen eilends
weg vom Grab mit Furcht und großer Freude und liefen, um
es seinen Jüngern zu verkündigen. Und siehe, da begegnete
ihnen Jesus und sprach: Seid gegrüßt! Und sie traten zu ihm
und umfassten seine Füße und fielen vor ihm nieder. Da
sprach Jesus zu ihnen: Fürchtet euch nicht! Geht hin und ver-
kündigt es meinen Brüdern, dass sie nach Galiläa gehen:
Dort werden sie mich sehen.“ (Mt 28, 1-10)

Liebe österliche Gemeinde!
Mit der heutigen Osternacht beginnt eine neue Geschichte: Mit der Auferweckung Jesu von den Toten bricht sich eine neue Wirklichkeit Bahn. Wir sollen mit ihr zur Hoffnung angestiftet werden. Gott hat durch die Auferweckung Jesu eine Bewegung in Gang gesetzt. Diese Bewegung strebt zu dem Ziel, dass Gott alles in allem wird. Der unerforschliche Gott, der das Weltall und die Erde erschuf, der jeden Menschen als sein Ebenbild ins Leben rief, dem das Stöhnen jeder Kreatur wichtig ist – dieser unerforschliche Gott will die von ihm geschaffene Welt vollenden. Er will mit seiner Güte alles durchdringen, alles in allem sein. Er vollzieht diese Bewegung mit behutsamer Geduld, aber auch mit dem unwiderstehlichen Feuer seiner Liebe, dieser Liebe, die sogar den Tod überwindet.

Die ersten Zeuginnen der Auferstehung, so wird uns berichtet, sind von dem Grab geflohen; „… denn Zittern und Entsetzen hatten sie ergriffen“ (Mk 16, 8). Was sie gesehen und gehört hatten, erzählten sie zunächst nicht weiter; denn sie fürchteten sich. Warum antworteten sie auf die freudige

Nachricht mit Entsetzen? Befürchteten sie einen Betrug, einen heimlichen Diebstahl des Leichnams? Oder waren sie entgeistert von der ungeheuerlichen Nachricht, dass die Auferstehung, die am Ende der Zeiten erwartet wurde, nun schon mitten in der Zeit Wirklichkeit geworden war?

Heute, für uns, sind die Gründe der Furcht andere als für die Frauen, die als erste zum leeren Grab gekommen waren. Heute erschreckt uns die Nachricht von der Auferstehung vor allem deshalb, weil wir an ihren Folgen Zweifel haben. Sind dem `Erstling der Entschlafenen´ andere nachgefolgt? Sind andere, die zu ihm gehören, schon an die Reihe gekommen? Das fragen wir uns. Die Macht des Todes ist noch immer nicht gebrochen. Noch ist die Auferstehung unvollendet. Aber Christinnen und Christen wissen: Ostern heißt – dem Tod ist seine Macht genommen! Der Tod hat nicht das letzte Wort!

Das ist die befreiende Botschaft dieser Osternacht: Gott steht auf der Seite des Lebens! Er ergreift Partei für das Leben, allen Todesmächten zum Trotz. Der Sieg über den Tod hat schon begonnen; die Auferstehung ist schon im Gang. Sie ist noch nicht vollendet; aber sie ist unterwegs.

Gott ist in Jesus für alle erkennbar auf die Seite des Lebens getreten, und zwar über Jesu Tod hinaus. Darum können wir uns auf Gott verlassen. Mit Jesus können wir darauf vertrauen: das Leben ist stärker als der Tod; die Liebe reicht weiter als die Furcht; die Güte siegt über die Gewalt; die Gnade triumphiert über die Schuld. Österliche Christinnen und Christen lassen sich hineinziehen in die Bewegung Gottes, die der Herrschaft des Todes, von Schuld und Sünde ein Ende macht. Österliche Christinnen und Christen sind Menschen, die sich die Hoffnung nicht ausreden lassen. Österliche Christinnen und Christen sind so mutig, dass sie nicht nur Visionen haben, sondern sie auch mit Fantasie und Beharrlichkeit umsetzen! Auf die Nachricht von der Auferweckung des Gekreuzigten antwortet die christliche Gemeinde seit alters und bis zum heutigen Tag mit dem Halleluja. Denn der Tod ist entmachtet; die entscheidende Niederlage ist ihm zugefügt. Sie antwortet mit dem Gelächter der Hoffnung. Denn Gott hat sich auf die Seite des Lebens gestellt. Das Lachen, liebe Ostergemeinde, das Lachen darf den kommenden Tag bestimmen. Denn Christus ist wahrhaftig auferstanden! Amen.

7. „... das ist ewig." (2. Kor 4, 16-18)
Über das Unsichtbare[16]

Das Predigtwort für den heutigen Sonntag Jubilate steht im
2. Brief des Paulus an die Korinther 4, 16-18:

*„Darum werden wir nicht müde; sondern wenn auch unser
äußerer Mensch verfällt, so wird doch der innere von Tag zu
Tag erneuert. Denn unsre Trübsal, die zeitlich und leicht ist,
schafft eine ewige und über alle Maßen gewichtige Herrlichkeit, uns, die wir nicht sehen auf das Sichtbare, sondern auf
das Unsichtbare. Denn was sichtbar ist, das ist zeitlich; was
aber unsichtbar ist, das ist ewig." (2. Kor 4, 16-18)*

Liebe Gemeinde!
Heute werden in diesem Gottesdienst fünf Jugendliche aus
der `Christenlehre´ entlassen. Am letzten Montag habe ich
mit diesen Jugendlichen im Predigtvorgespräch das heutige
Bibelwort besprochen. „Was fällt euch dazu ein?", habe ich
sie gefragt, „wenn Paulus sagt: `Wenn auch unser äußerer
Mensch verfällt, so wird doch der innere von Tag zu Tag er-
neuert´? Wen ermutigt Paulus mit solchen Worten? Und was
passiert, wenn man nicht von Tag zu Tag erneuert wird?"
„Das ist klar!" hat spontan ein Jugendlicher gemeint. „Es gibt
Leute, die sterben in ihrem Leben innerlich. Die sind schon
tot, bevor sie wirklich sterben. Die sind innerlich schon tot."

---

[16] Predigt über 2. Korinther 4, 16-18, gehalten im Gottesdienst am 24. April 1994 (Jubilate)
in Sachsenhausen um 9.00 Uhr und in Wertheim-Wartberg um 10.15 Uhr anlässlich eines
sog. `Christenlehr-Entlass-Gottesdienst´. In einigen Gemeinden in der Evangelische Lan-
deskirche in Baden war es Tradition, dass die Jugendlichen nach der Konfirmation noch
einige Zeit in die sog. `Christenlehre´, eine Art zeitgebundener religiöser Unterweisung, gin-
gen.

„Was meinst du damit", habe ich zurückgefragt. „Ja", hat der Jugendliche gemeint, „seelisch, meine ich, die sind seelisch tot. Ausgebrannt, seelisch gestorben." Und dann ist den anderen Jugendlichen für einen solchen seelischen Tod ein Beispiel eingefallen. Das will ich Ihnen jetzt erzählen: Vor kurzer Zeit hat sich ein berühmter amerikanischer Rocksänger selbst umgebracht. Kurt Cobain[17] hieß er. Sein Tod hat Schlagzeilen gemacht. Seine Musik ist bei vielen Jugendlichen beliebt gewesen. Auch hier in Sachsenhausen. Kurt Cobain hat mit seinen Liedern gegen die Konsumwelt protestiert. Er ist dagegen angegangen, dass nur derjenige etwas taugt und bewundert wird, der viel Geld hat. Kurt Cobain hat nach wirklichen Werten gesucht, nach dem, was man nicht kaufen kann, nach so etwas wie Gemeinschaft, Freundschaft, Geborgenheit oder Liebe. Und dann ist er selbst berühmt geworden. Und hat viel Geld gekriegt. Und wurde vermarktet. Im Fernsehen und im Radio hat man seine Musik rund um die Uhr gespielt. Und der Sänger Kurt Cobain hat diesen Rummel um seine Person nicht verkraftet. Sein ganzes Geld hat ihm nicht geholfen zum Leben. Im Gegenteil: Völlig leer ist er geworden und ausgebrannt hat er sich gefühlt. Er hat keine Kraft mehr gehabt, keinen Mut mehr zum Leben. Diese Geschichte von dem Sänger Kurt Cobain ist ein Beispiel dafür, wie man schon mitten im Leben seelisch sterben kann. Wie man müde wird, lebensmüde. Wie alle Kraftreserven verbraucht werden und man nichts hat, um nachzufüllen. Ich weiß nicht, wie Kurt Cobain gelebt hat. Ob Kurt

---

[17] Kurt Cobain (1967-1994) war der Sänger der Rockband `Nirvana´.

Cobain in den Gottesdienst gegangen ist. Vielleicht hat er das Wort von Paulus gekannt, vielleicht auch nicht. Aber ich hätte mir gewünscht, dass jemand ihm das gesagt hätte, das Wort von Paulus. Dass ihm jemand zur Seite gestanden wäre, in einer seiner trostlosen Stunden, sich neben ihn gesetzt hätte, vielleicht seine Hand gehalten hätte und gesagt hätte: Wir werden nicht müde. Denn „wenn auch unser äußerer Mensch verfällt, so wird doch der innere von Tag zu Tag erneuert" (2. Kor 4, 16). Nach dieser inneren Erneuerung hat der Sänger jedenfalls gesucht. Nach etwas, was einem Mut gibt zu leben. Zumindest eines war ihm klar wie Paulus: Wir leben nicht vom Sichtbaren. Wir leben nicht nur vom Geld, von einer Wohnung, einem Auto. Das brauchen wir zwar zum Leben, aber das ist nicht alles. Kurt Cobain wusste wie Paulus: Wir leben nicht von dem, was wir sehen. Wir leben von dem, was wir nicht sehen können. Wir leben nicht vom Sichtbaren, wir leben vom Unsichtbaren. Wir leben vom Glauben, von der Liebe, von der Hoffnung. Als ich darüber nachdachte, was Paulus wohl meint mit der inneren Erneuerung auf unserem Lebensweg, ist mir plötzlich ein anderes Bild eingefallen: Ich stelle mir das Leben vor wie eine lange Fahrt mit dem Auto, ein Bild für das Leben. Ich fahre von der Bundesstraße auf den Autobahnzubringer und dann immer geradeaus auf der Autobahn. Vor mir fährt einer im weißen Opel, hinter mir ein anderer im roten Porsche. Ich im beigen Audi 80. Jemand von Ihnen fährt in ihrem oder seinem Wagen mit Tauberbischofsheimer Nummer für eine Weile neben mir. Wir alle sind auf dem Weg durchs Leben. Wir sind alle unterwegs. Auch andere sind mit uns unterwegs. Ab und zu ärgert man sich über einen, wenn einer zu riskant fährt und dadurch sich und andere in Gefahr bringt. Manchmal freut man sich, wenn einer einem rücksichtsvoll begegnet, einen vorlässt. Mit unserem Leben ist es ähnlich. Und dann kommt dann oft dieser Punkt: Wo die Benzinuhr sich dem roten Bereich nähert. Dann fahren wir auf Reserve. Dann reicht es nur noch für ein paar Kilometer. Dann muss man tanken. Dann muss man dringend auftanken. Und dann sieht man das Schild `Raststätte´. Und man ist froh und freut sich. Andere fahren an dem Schild `Raststätte´ vorbei. Man selbst freut sich auf eine kleine Pause, man kann tanken, sich erholen, sich ausstrecken, sich entspannen. Man stärkt sich. Wo sind eigentlich die Raststätten, die Rastplätze in unserem Leben? Wo werden wir innerlich erneuert und wieder frisch? Wo erfahren wir etwas von dem Unsichtbaren, das uns wieder Kraft gibt zum Leben? Paulus würde uns vielleicht antworten: Der Gottesdienst ist solch ein Rastplatz. In ihm erfährt man etwas von dem Unsichtbaren, von dem wir leben, von Glaube, von Liebe und Hoffnung. Im Gottesdienst können wir das loswerden, was uns belastet und was uns das Leben schwermacht. Von Glaube, Liebe und Hoffnung kann man zudem an vielen anderen Orten in unserem Leben hören. Man muss nur Ausschau halten nach den Rastplätzen. Sie liegen manchmal versteckt, aber man findet sie, wenn man will. Für mich, als ich ein Schüler war, ist lange der Deutsche Evangelische Kirchentag ein solcher Rastplatz gewesen. Diese große Veranstaltung, die alle zwei Jahre von der Evangelischen Kirche organisiert wird. Besonders für Jugendliche ist der Kirchentag etwas. Vier Tage lang wird in einer deutschen Großstadt gefeiert – nächstes Jahr übrigens in Hamburg. Ich freue mich schon darauf, auf dieses große, bunte Fest. Dort wird Musik gemacht, Theater gespielt, Gottesdienst gefeiert. Christinnen und Christen aus aller Welt sind zu Gast. Dort diskutiert man, was Christsein heute bedeutet, und redet über die dringendsten Fragen unserer Zeit: Wie man für den Frieden in der Welt arbeiten kann, wie man Gerechtigkeit erreicht oder die Schöpfung bewahren kann. Für viele Christinnen und Christen ist der Kirchentag ein Rastplatz in ihrem Leben, an dem sie Kraft tanken können.

Liebe Jugendliche! Die `Christenlehre´ liegt jetzt hinter euch. Ihr seid jetzt frei, euer Christsein selbst zu gestalten. Ich wünsche uns allen, aber besonders euch, dass ihr in euerm Leben Rastplätze findet und dass ihr in als Christinnen und Christen den Glauben, die Liebe und die Hoffnung nie verlieren werdet. Denkt immer daran: Wir leben nicht vom Sichtbaren, von dem, was wir sehen. Sondern: „Das Wesentliche ist für die Augen unsichtbar."[18] Amen.

---

[18] Vgl. Antoine de Saint-Exupéry, Der kleine Prinz, Düsseldorf 1981, 52.

8. „… und lobten Gott…" (Apg 16, 23-34)
Im Gefängnis[19]

Gnade sei mit euch und Friede von Gott unserm Vater und dem Herrn Jesus Christus. Das biblische Wort für die Predigt heute steht in der Apostelgeschichte des Lukas im 16. Kapitel, Verse 23-34:

„Nachdem man sie hart geschlagen hatte, warf man sie ins Gefängnis und befahl dem Aufseher, sie gut zu bewachen. Als er diesen Befehl empfangen hatte, warf er sie in das innerste Gefängnis und legte ihre Füße in den Block. Um Mitternacht aber beteten Paulus und Silas und lobten Gott. Und die Gefangenen hörten sie. Plötzlich aber geschah ein großes Erdbeben, so dass die Grundmauern des Gefängnisses wankten. Und sogleich öffneten sich alle Türen, und von allen fielen die Fesseln ab. Als aber der Aufseher aus dem Schlaf auffuhr und sah die Türen des Gefängnisses offenstehen, zog er das Schwert und wollte sich selbst töten; denn er meinte, die Gefangenen wären entflohen. Paulus aber rief laut: Tu dir nichts an; denn wir sind alle hier! Da forderte der Aufseher ein Licht und stürzte hinein und fiel zitternd Paulus und Silas zu Füßen. Und er führte sie hinaus und sprach: Liebe Herren, was muss ich tun, dass ich gerettet werde? Sie sprachen: Glaube an den Herrn Jesus, so wirst du und dein Haus selig! Und sie sagten ihm das Wort des Herrn und allen, die in seinem Hause waren. Und er nahm sie zu sich in derselben Stunde der Nacht und wusch ihnen die Striemen. Und er ließ sich und alle die Seinen sogleich taufen und führte sie in sein Haus und deckte ihnen den Tisch und freute sich mit

---

[19] Predigt zu Apg 16, 23-34, gehalten im Gottesdienst am 1. Mai 1994 (Kantate) in Sachsenhausen um 10.00 Uhr.

seinem ganzen Hause, dass er zum Glauben an Gott gekommen war. " *(Apg 16, 23-34)*

Liebe Gemeinde!

Ich komme aus einer kleinen Stadt im Weserbergland. Das Weserbergland ist landschaftlich so ähnlich wie die Gegend hier bei Ihnen: grüne Wiesen, ein wenig hügelig und oft scheint die Sonne so wie heute. Viele Leute leben bei uns in Niedersachsen von der Landwirtschaft. Und vieles hier in Wertheim, Sachsenhausen und Vockenrot erinnert mich deshalb an zu Hause. Die Kirche hier in Sachsenhausen sieht so ähnlich aus wie die bei mir zu Hause: Gebaut im letzten Jahrhundert, ein langes Schiff, vorn der Altar, die Kanzel so weit oben, dass den Prediger auch diejenigen sehen und hören können, die auf der Empore sitzen. An bestimmten Sonntagen singt hier der Chor der Gemeinde und es spielt der Posaunenchor. Sonntags im Gottesdienst versammelt sich hier die Gemeinde: die Konfirmandinnen und Konfirmanden, Männer und Frauen, junge und alte Menschen.

Und jetzt stellen Sie sich vor: An einem Sonntag im Mai ist es gewesen. Die Gemeinde ist gerade mitten im Gottesdienst. Da geht hinten auf einmal die Kirchentür auf. Alle drehen sich um. Musik dringt herein, der helle Klang von Trommeln ist zu hören – lautes, vielstimmiges, harmonisches Singen, ein ungewohnter Rhythmus. Ja, und dann sieht man auch die Sängerinnen und Sänger: eine Gruppe von Afrikanern kommt singend und tanzend in die Kirche herein. Fünf Männer und fünf Frauen sind es. Sie tragen bunte Kleider, in allen Farben, orange, blau, rot und gelb, so richtig afrikanisch. Sie ziehen auf dem langen schmalen Mittelgang in die Kirche ein – natürlich war das mit dem Pastor abgesprochen – sie ziehen auf dem langen Gang ein: fröhlich lachend, singend und tanzend, laut im Rhythmus in die Hände klatschend und im Wiegeschritt. Und sie fordern alle Gottesdienstbesucher auf, mit ihnen fröhlich auf diese Weise in das Lob Gottes einzustimmen. „Kommt", rufen sie, „macht alle mit! So loben wir Gott in Afrika! So dienen wir dem Herrn! Wir singen und wir tanzen in der Kirche. Freut euch!" Ja, liebe Gemeinde, und dann hat es uns damals aus den Kirchenbänken gerissen: Alle sind wir, ob jung, ob alt, in einer Polonaise durch die Kirchenbank gezogen, ein jeder hat seinem Vordermann oder seiner Vorderfrau auf die Schulter gefasst, die Afrikaner vorneweg, wir hinterher, und beschwingt sind wir in der Kirche umhergezogen, und wir haben den Rhythmus der afrikanischen Lieder mit geklatscht, und die ganze Kirche hat richtig gebebt vor Lachen, und gefreut haben sich alle, und großen Spaß hat es uns gemacht, damals, mit diesen Afrikanern.

Natürlich, liebe Gemeinde, dürfen Sie jetzt sitzen bleiben. Ich werde Sie jetzt nicht auffordern: „Stehen Sie auf, wir machen es so wie damals in meiner Heimatgemeinde, wir machen heute, am Sonntag Kantate, eine Polonaise durch die Kirche!" Nein, ich erzähle Ihnen dieses Beispiel, weil dies mein erster Kontakt mit Südafrikanern war. Damals in meiner Heimatgemeinde bin ich zum ersten Mal mit einer Gruppe von Südafrikanern in Kontakt gekommen. Die Gemeinde hat nämlich eine Partnerschaft mit einer schwarzen Gemeinde in Südafrika gehabt. Damals bin ich so dreizehn, vierzehn Jahre alt gewesen, ungefähr so alt wie ihr Konfirmandinnen und

Konfirmanden jetzt, und unser Pastor hatte diese Südafrika-
ner damals zu uns eingeladen. Und dieser erste Kontakt zu
Südafrikanern muss mich wohl – wenn ich so im Nachhinein
darüber nachdenke – sehr stark beeinflusst haben. Denn ab
dieser Zeit wollte ich dorthin, nach Afrika. Und fünfzehn Jahre
später, da bin ich längst erwachsen, habe ich eine Zeitlang in
Südafrika gelebt. Das wissen vielleicht einige von Ihnen und
von Euch. Dort in Südafrika habe ich noch mehr davon erfahren, wie man in Afrika Gott lobt. Und davon will ich jetzt erzählen.

Ich möchte Ihnen einen südafrikanischen Christen vorstellen,
der mich sehr beeindruckt hat.[20] Er heißt Dr. Wolfram Kistner.
Wolfram Kistner lebt in der Großstadt Johannesburg. Seine
Eltern sind in den dreißiger Jahren aus Deutschland gekommen, als Missionare. Wolfram Kistner ist heute 70 Jahre alt.
Er ist sensibel, von dünner, zerbrechlicher Gestalt, mittel-
groß, schlank, fast schmächtig. Er hat ein scharf geschnitte-
nes Gesicht und trägt sein Haar mit einem Seitenscheitel.
Meist hat er einen grauen Anzug an und darunter ein weißes
Hemd mit einer Krawatte und einen grünen V-Ausschnitt-Pul-
lover. Sein Alter merkt man ihm nicht an. Wenn er geht, be-
wegt er sich schnell und unauffällig. Er ist zu jedermann
freundlich, lacht viel und dann verziehen sich beim Lachen
seine Mundwinkel. Wolfram Kistner arbeitet viel Mitte der
achtziger Jahre und schläft im Schnitt vier Stunden. Manchmal ist er so erschöpft, dass er nicht einmal mehr die Seite

---

[20] Ich habe während meines Forschungsaufenthaltes im Rahmen meiner theologischen Dis-
sertation ein knappes Jahr lang in Südafrika gelebt und in dieser Zeit eng mit Pastor Dr.
Wolfram Kistner (1923-2006) zusammengearbeitet.

des Buches umschlagen kann, in dem er gerade liest. Es kommt auch schon mal vor, dass er während eines Gesprächs einschläft. Dr. Kistner, `Dr. K.´, wie er von seinen Mitarbeiterinnen und Mitarbeitern genannt wird, arbeitet für die Kirche in Südafrika. Er ist Pfarrer. In der Kirche setzt er sich für diejenigen Menschen ein, die in Südafrika keine Rechte haben, für die schwarze Bevölkerungsmehrheit Südafrikas. Die Schwarzen haben in dieser Zeit im Apartheidstaat[21] in Südafrika keine Rechte. Für sie setzt sich Wolfram Kistner ein, darin sieht er seine Christenpflicht. Er macht mit ihnen zusammen Bibelarbeiten, er betet zusammen mit ihnen, er hilft ihnen, wo er nur kann. Vielen weißen Christinnen und Christen, von denen die Mehrheit rassistisch denkt, ist er dadurch ein Dorn im Auge. Sie fürchten nämlich, dann könnten die Schwarzen die befreiende biblische Botschaft von der Gleichheit aller Menschen ernst nehmen.

Eines Tages fährt Wolfram Kistner mit zwei Freunden seine Schwester besuchen, die er schon lange Zeit nicht mehr gesehen hat. Sie arbeitet auf einer abgelegenen Missionsstation, mitten im Busch, in völlig unberührter Natur. Im letzten Jahrhundert haben sich Christinnen und Christen aus Deutschland im nördlichen Zipfel Südafrikas niedergelassen und haben Afrikaner missioniert. Heute – die Zeit der Mission ist längst vorüber, aber die Leute sind ihrer Kirche nach wie vor in hohem Maße verbunden – werden hier Erzieherinnen

---

[21] Unter Apartheid versteht man die staatlich veranlasste rassistische Trennung der Bevölkerung aufgrund der Hautfarbe und die staatlich-strukturelle Diskriminierung der Schwarzafrikaner durch die weiße Minderheit in Südafrika. Sie wurde offiziell im April 1994 abgeschafft. Nelson Mandela (1918-2013), mit dem Friedensnobelpreis ausgezeichnet, wurde der erste schwarze Staatspräsident seines Landes.

ausgebildet. Wolfram Kistner freut sich auf den Besuch. Er pflegt ein inniges Verhältnis zu seiner Schwester. Und er möchte sie mit seinen beiden Freunden besuchen. Als er mit seinem kleinen blauen Auto auf der Missionsstation ankommt, biegen nacheinander drei andere, schwarze Karossen hinter ihm ein. Langsam und unbemerkt waren die schwarzen Autos ihm gefolgt. Bewaffnete weiße Männer in khakifarbenen Uniformen sitzen darinnen, das sind die Mitarbeiter der südafrikanischen Geheimpolizei. Und dann geht alles sehr schnell: Die Sicherheitspolizisten springen aus ihren Autos und nehmen Pastor Kistner fest. „Herr Dr. Kistner", sagt ein Geheimpolizist, „Sie sind verhaftet! Kommen Sie mit!" Wolfram Kistner reagiert gelassen. Er ist es gewohnt, dass man ihn überwacht. Er gilt als Feind des südafrikanischen Apartheid-Regimes. Die weiße Regierung nimmt es dem tiefgläubigen Christen übel, dass er für das rechtlose schwarze Volk Südafrikas mit seinem christlichen Glauben eingestanden ist. In Südafrika ist es in dieser Zeit Verrat und wird hoch bestraft, wenn man die biblische Botschaft von der Gleichheit aller Menschen ernst nimmt und die Menschenrechte einklagt. Es wird als Verrat angesehen, wenn man für die Freiheit und die Gleichheit aller eintritt. Wolfram Kistner war dem Apartheid-Regime gefährlich geworden, weil er die befreiende Botschaft von Jesus Christus verkündigt hat und weil er Nächstenliebe geübt hat. Bevor ihn die Polizisten abführen, äußert Wolfram Kistner noch eine Bitte: „Ich möchte noch beten", sagt er und spricht ein kurzes Gebet. Dann wendet er sich an den Polizeioffizier und sagt freundlich lächelnd zu ihm: „Bitte, ich möchte auch noch für die Polizisten beten, die mich verhaften." Der Offizier ist überrascht, stimmt aber zu. Pastor Kistner spricht ein Gebet für die Polizisten. In der Stunde der Not bittet Wolfram Kistner für die, die ihn verhaften, für seine Feinde. Er wird gefangen genommen und abgeführt. Dann wird er ins Gefängnis geworfen. Dort im Gefängnis sitzt er mit Kriminellen, mit Schwerverbrechern und Mördern, zusammen in einer Zelle. Unter seinen Mitgefangenen und unter den Gefängniswärtern hat er schwer zu leiden. Und doch betet er für seine Feinde und lobt Gott in dieser Situation tiefer persönlicher Not.[22]

Liebe Gemeinde!

Über Wolfram Kistners Festnahme und Inhaftierung infolge der Notstandsgesetzgebung im Apartheidstaat hat es ein kleines Erdbeben gegeben, ein politisches und kirchliches Erdbeben in Südafrika und in Deutschland. Auch hier in unserer badischen Landeskirche. Bundespräsident Richard von Weizsäcker und der Landesbischof der Evangelischen Landeskirche in Baden, Dr. Klaus Engelhardt, haben sich damals für die Freilassung ihres südafrikanischen Kollegen und Bruders im Herrn eingesetzt. Mit Erfolg! Wolfram Kistner hat das Gefängnis überlebt. Er wurde während seiner vergleichsweisen kurzen Haft nicht gefoltert und hat auch seine Gesundheit behalten. Er konnte nach seiner Freilassung normal seiner Arbeit weiter nachgehen. Dr. Kistner hat später das Bun-

---

[22] Die Szene von Wolfram Kistners Verhaftung ist oft beschrieben worden. Eine Sammlung seiner Arbeiten, die stark von der Theologie Dietrich Bonhoeffers beeinflusst ist und Einblicke in seine theologischen Reflexionen gibt, die seinem Handeln im Apartheidstaat zugrunde lagen, ist erschienen von Hans Brandt (ed.), Outside the Camp. A collection of writings by Wolfram Kistner (SACC), Johannesburg 1988.

desverdienstkreuz der Bundesrepublik Deutschland für seinen Einsatz für mehr Menschlichkeit erhalten, eine hohe Auszeichnung. Er ist standfest im Glauben gewesen. Er hat die befreiende Botschaft von Jesus Christus verkündet und hat anderen Menschen geholfen in tiefer Not. Sogar noch im Gefängnis hat er gebetet und Gott gelobt und die anderen Gefangenen hörten ihn.

Liebe Gemeinde!

Letzte Woche fanden in Südafrika zum ersten Mal in der Geschichte freie, gleiche und geheime Wahlen statt. Heute, an diesem Sonntag Kantate, werden noch die Stimmen ausgezählt. Zwei Tage nach den demokratischen Wahlen in Südafrika hat es den Anschein, als ob die bisher Mächtigen in Südafrika umkehren werden. Es hat den Anschein, als ob die in Südafrika lange Herrschenden Buße tun werden. Und es scheint so, als ob diejenigen, die in Südafrika über Jahrhunderte gefangen waren, nun endlich frei sein werden. Ich hoffe heute an diesem Sonntag, dass in Südafrika die weißen Kerkermeister ihre ehemaligen schwarzen Gefangenen in ihre Häuser bitten werden. Ich hoffe, dass die Aufseher sie aus ihren Gefängnissen herausführen werden. Ich hoffe, dass die Gefängniswärter ihren ehemaligen Gefangenen die Striemen waschen werden. Und ich hoffe, dass die Aufseher wirklich umkehren und dann selig und gerettet werden und sich mit ihren Gefangenen freuen, dass sie zum Glauben an Gott gekommen sind. Und dass alle dann, liebe Gemeinde, dass sie alle dann versöhnt und in Freiheit zusammen Gott loben werden mit dem Lied: `Gott segne Afrika´. Amen.

9. „Gelobt sei Gott..." (Eph 1, 3-14)
Von der Schulzeit[23]

Gnade sei mit euch und Friede von Gott unserm Vater und dem Herrn Jesus Christus. Das biblische Wort für die Predigt heute steht im Epheserbrief im 1. Kapitel, Verse 3-14:

„Gelobt sei Gott, der Vater unseres Herrn Jesus Christus, der uns gesegnet hat mit allem geistlichen Segen im Himmel durch Christus. Denn in ihm hat er uns erwählt, ehe der Welt Grund gelegt war, dass wir heilig und untadelig vor ihm sein sollten; in seiner Liebe hat er uns dazu vorherbestimmt, seine Kinder zu sein durch Jesus Christus nach dem Wohlgefallen seines Willens, zum Lob seiner herrlichen Gnade, mit der er uns begnadet hat in dem Geliebten. In ihm haben wir die Erlösung durch sein Blut, die Vergebung der Sünden, nach dem Reichtum seiner Gnade, die er uns reichlich hat widerfahren lassen in aller Weisheit und Klugheit. Denn Gott hat uns wissen lassen das Geheimnis seines Willens nach seinem Ratschluss, den er zuvor in Christus gefasst hatte, um ihn auszuführen, wenn die Zeit erfüllt wäre, dass alles zusammengefasst würde in Christus, was im Himmel und auf Erden ist. In ihm sind wir auch zu Erben eingesetzt worden, die wir dazu vorherbestimmt sind nach dem Vorsatz dessen, der alles wirkt nach dem Ratschluss seines Willens; damit wir etwas seien zum Lob seiner Herrlichkeit, die wir zuvor auf Christus gehofft haben. In ihm seid auch ihr, die ihr das Wort der Wahrheit gehört habt, nämlich das Evangelium von eurer Seligkeit – in ihm seid auch ihr als ihr gläubig wurdet, versiegelt worden mit dem heiligen Geist, der verheißen ist, welcher ist das Unterpfand unsres Erbes, zu unserer Erlösung, dass wir

---

[23] Predigt über Eph. 1, 3-14, gehalten im Gottesdienst am 29. Mai 1994 (Trinitatis) in Vockenrot um 9.00 Uhr und in Sachsenhausen um 10.00 Uhr.

*sein Eigentum würden zum Lob seiner Herrlichkeit." (Eph 1,
3-14)*

Liebe Gemeinde!
Vermutlich hat jeder von Ihnen Erinnerungen an seine Grund-
schulzeit. Gegenüber heutzutage ging es ja früher in der
Grundschule ganz anders zu. Wenn ihre Kinder und Enkel
Ihnen manchmal erzählen von ihrem Schulalltag heute, wun-
dern Sie sich doch bestimmt manchmal, was die da heute in
der Schule so alles machen und lernen und dürfen vor allen
Dingen! Ich will Ihnen jetzt eine Geschichte erzählen, die in
der Grundschule spielt, vor, sagen wir mal, sechzig Jahren.
Eines Tages hat sich der Schulrat angekündigt in der Volks-
schule eines kleinen Dorfes. Wie alle Jahre macht er seinen
Überprüfungsbesuch. Der Dorfschullehrer hatte mächtig
Angst vor diesem Besuch. Aber er hatte herausgefunden,
dass der Schulrat immer eine bestimmte Art hatte, die Kinder
zu prüfen. Er fing nämlich gewöhnlich mit der ersten Frage
vorne links an und fragte dann die Reihen nach hinten durch.
Immer mit denselben Fragen. Also ließ der Lehrer seine Kinder zur Vorbereitung auf den Unterrichtsbesuch immer nur
eine einzige Antwort lernen. Und zwar nur die Antwort, die
seinem Sitzplatz zufolge an der Reihe war. Als erstes fragte
der Schulrat immer: „An wen glaubst du?" Die Antwort dazu
musste heißen: „Ich glaube an Gott den Vater." Nun war es
so weit. Der Schulrat war eingetroffen. Er fing immer beim
Vordersten von links mit dem Abfragen an. Und der Hermann
Moser, der dort seinen Platz hatte, sagte auch ganz richtig:
„Ich glaube an Gott den Vater." „Und an wen glaubst du

noch?", fragte der Schulrat den Hintermann von Hermann Moser, der hieß Peter Störzer. Und der Peter Störzer antwortete auch gleich: „Ich glaube an Gott den Sohn!" Schon freute sich der Lehrer, dass der Unterrichtsbesuch vom Schulrat so schön glatt ablief wie erwartet. Aber das schöne System zerplatzte! Der Schulrat stellte nämlich seine nächste Frage nicht dem Hintermann von Peter Störzer, sondern dem Toni Birngruber, der in einer ganz anderen Reihe saß und fragte: „Glaubst du auch an den Heiligen Geist?" Da stand der Toni Birngruber auf und sagte mit lauter Stimme: „Nein, ich nicht! An den glaubt der Georg Seeberger!"

In dieser Geschichte wird auf humorvolle Weise von der Trinität geredet. Und darum soll es heute gehen. Heute, der erste Sonntag nach Pfingsten, trägt den Namen Trinitatis. Es geht heute um die Dreieinigkeit, um den dreieinigen Gott. Diese Dreieinigkeit nennt man auch Trinität. Trinität – dahinter steht der Gedanke: Gott besteht aus drei Personen. Was heißt das? Gott besteht aus drei Personen? Nun, ich möchte Ihnen ein Beispiel geben. Ein Beispiel dafür, was es heißt, wenn wir sagen: Unser Gott, das sind drei Personen. Erinnert ihr euch, liebe Konfirmanden: Wir haben diesen Gottesdienst heute morgen begonnen, indem ich nach dem ersten Lied am Anfang gesagt habe: Im Namen des Vaters und des Sohnes und des Heiligen Geistes. Und ihr habt dann mit der ganzen Gemeinde mit `Amen´ darauf geantwortet. Das sind die drei Personen Gottes: der Vater, der Sohn und der Heilige Geist. Nicht nur heute im Gottesdienst, auch schon im Gottesdienst letzter Woche hieß es so und auch im Gottesdienst nächste Woche werden sie so heißen: der Vater, der Sohn und der

Heilige Geist. Der Gottesdienst wird mit diesen Worten eröffnet: Im Namen des Vaters, des Sohnes und des Heiligen Geistes. Immer werden diese drei zusammen genannt, wenn wir Christinnen und Christen von Gott reden. Und wer von ihnen getauft ist, der ist im Namen des Vaters und des Sohnes und des Heiligen Geistes getauft. Vater, Sohn und Heiliger Geist – diese drei sind eins. Nicht etwa: der eine steht über dem anderen – nein: Vater, Sohn und Heiliger Geist, sie sind eins. Wir haben keine drei Götter! Sondern wir haben einen Gott, der sich uns auf unterschiedliche Weise zeigt: als Vater, als Sohn und als Heiliger Geist.

Wie zeigt sich uns Gott als Vater? Als Sohn? Und als Heiliger Geist? Was ist das Besondere an den drei verschiedenen Weisen Gottes? Nun, diese drei verschiedenen Weisen, in denen sich Gott zeigt, werden woanders genauer erklärt. Sie kennen es alle seit Ihrer Schulzeit, spätestens seit dem Konfirmandenunterricht: Unser apostolisches Glaubensbekenntnis! Auch unser Glaubensbekenntnis gliedert sich nach diesen drei Weisen des einen Gottes. In unserem Glaubensbekenntnis haben wir vorhin gesprochen: „Ich glaube an Gott den Vater." Das ist die erste Weise, in denen sich Gott uns zeigt. Gott zeigt sich als Schöpfer, als Quelle des Lebens. Gott ermöglicht alles Leben auf Erden. Auch unser Leben. Denn wir können vielleicht, wie jetzt in unseren Gärten, den Samen ausstreuen. Aber wir können nicht Leben schaffen. Wir Menschen können kein einziges Lebewesen, und sei es noch so klein, schaffen, technisch herstellen. Leben kommt woanders her. Wir Christinnen und Christen sagen: Es kommt von Gott. Gott ist die Quelle des Lebens.

Und dann heißt es im Glaubensbekenntnis weiter. „Und an Jesus Christus, seinen eingeborenen Sohn, unsern Herrn." Das ist die zweite Weise, wie sich Gott uns zeigt im Glauben. In Jesus Christus zeigt sich uns Gott – wie er ist, wie er zu uns Menschen ist. In den vielen Geschichten, die wir von Jesus kennen, darin zeigt sich uns der menschenfreundliche Gott. Kranke Menschen werden in seiner Nähe wieder gesund. So menschenfreundlich ist Gott. Niedergedrückte Menschen, die sich selbst wertlos fühlen und unnütz, weil sie nicht mehr so viel arbeiten können, weil sie spüren, dass sie alt werden – Menschen, die deshalb niedergedrückt sind, werden in seiner Nähe getröstet. So menschenfreundlich ist Gott. Und gegen Ende heißt es dann im Glaubensbekenntnis: „Ich glaube an den Heiligen Geist." Das ist die dritte Weise, wie sich Gott uns zeigt. Der Heilige Geist ist der Geist, der unsere Kirche belebt und am Leben erhält. Der überall da wirkt, wo Frieden möglich ist, wo man sich zerstritten hat und wieder zusammen kommt. Diese Dreieinigkeit, diese drei Weisen, in denen Gott sich uns zeigt, macht unseren christlichen Glauben so attraktiv. Diese Dreieinigkeit ist deshalb attraktiv, weil sich Gott uns auf so verschiedene Weise zeigen kann. Gott bemüht sich so sehr um uns, dass er uns auf so verschiedene Weise nahe kommt und nahe ist und uns damit immer wieder überrascht. Und deshalb beginnt Paulus auch seinen Brief an die Epheser, indem er genau das der Gemeinde zuruft. Für Paulus ist klar: Unser christlicher Glaube besteht in dem frohen Bekenntnis zu dem einen Gott, besteht im Glauben an Gott den Vater und den Sohn und den Heiligen Geist. Amen.

10. „Leite mich..." (Ps 25, 3)
Von der Wahrheit[24]

Die Losung für den heutigen Tag finden wir in den Psalmen, Psalm 25, Vers 3:

„Leite mich in deiner Wahrheit und lehre mich! Denn du bist der Gott, der mir hilft; täglich harre ich auf dich." (Ps 25, 3)

Liebe Hausgemeinde!
Es scheint, der Sommer hat sich nun endlich für längere Zeit bei uns niedergelassen. Eine herrliche Woche liegt hinter uns. Für Euch in den Lehrgemeinden, zu Hause bei den Eltern, bei den Familien oder bei Freundinnen und Freunden und für Andrea und mich und ein paar andere hier in Heidelberg. Angenehme sommerliche Temperaturen, Urlaubsstimmung, Touris, Leisure-Time – ein Gefühl wie in besten Studienzeiten. So könnte es immer sein. Doch – wenn einem so die Sonne auf den Pelz brennt und der Sonnenschirm weit ist, kann es schnell vorbei sein, das Gefühl wohliger, angenehmer Wärme. Unangenehme Begleiterscheinungen stellen sich ein: Sonnenallergie, Sonnenbrand und – Trägheit. Trägheit für den Körper und Trägheit für den Geist. Man ist ausgedörrt, schleppt sich dahin, die Treppe hier vorne im Petersstift kann einem zur Qual werden. Alfred setzt vielen heftig zu, auch kreislaufmäßig. Alfred? Das Wetter-Hoch, meine ich, das zurzeit herrscht. Alle sind leger gekleidet, der

---

Schweiß läuft, jede auch noch so kleine Bewegung artet in Anstrengung aus. Beim Tischtennis, beim Fußball oder beim Joggen läuft nach einer Minute der Schweiß. Dazu Ozon, Autoabgase und diese sengende Hitze, die Luftfeuchtigkeit ist so hoch, dass sogar die Ausstellung in der Unibibliothek geschlossen wurde, weil die Veranstalter Angst hatten, dass die Feuchtigkeit die Exponate angreifen würde. Das Gehirn ist dann mit gutem Zureden nur langsam zu bewegen, und nur dann, wenn die Klimaanlage an ist. Besonders nach dem Mittagessen sackt bei den Temperaturen das Blut so richtig in den Magen und so mancher kämpft mit dem Schlaf.

In solchen Zeiten, also wenn mein T-Shirt so richtig durchgeschwitzt ist, sehne ich mich nach Erfrischung. So stelle ich mir das Harren des Psalmbeters nach Gott, nach Gottes Wahrheit vor. Ausgedörrt ist er, ausgebrannt, burned-out. Er harrt nach Gottes Wahrheit. An Tagen wie in der vergangenen Woche sehe ich den Psalmbeter vor mir und sehe uns, und dann stelle ich mir Gottes Wahrheit wie eine Apfelsine vor. Gottes Wahrheit ist wie eine Apfelsine, eine kühle, frische, runde, saftige Apfelsine. Nicht etwa Orangensaft stelle ich mir vor oder einen Orangenshake oder gar ein Eis-Flipper vorne bei Renatas italienischer Eisdiele um die Ecke. Nein. Eine Apfelsine. Eine gekühlte Apfelsine stelle ich mir vor. Gottes Wahrheit ist wie eine kühle, prachtvolle Apfelsine. Und weil jetzt die Urlaubs-Reisezeit begonnen hat und Sommerzeit Reisezeit ist, will ich euch einladen auf eine Reise, auf eine besondere Reise. Nämlich ins Innere einer Apfelsine, ins Innere einer Orange. Also stellen wir uns vor: Wir alle sind ganz klein, vor uns eine Apfelsine. Mit Leichtigkeit schwingen wir uns auf die Apfelsine hinauf. Oben befindet sich eine Luke: Wir öffnen sie, klettern hinein. Wir blicken auf rötlich-orange-gelbes Fruchtfleisch, saftig, erfrischend. Eine Wendeltreppe führt uns immer tiefer hinab. Wir gelangen ins Innere, nähern uns dem Zentrum, erkennen die Struktur jeder einzelnen Apfelsinen-Spelte. Schließlich plumpsen wir `rein in Gottes Wahrheit, ja, wir baden im Fruchtfleisch, es ist kühl, feucht, saftig, angenehm. Gottes Wahrheit kommt einem Kreativitätsschub gleich. Sie ist erfrischend, lässt einen auftanken, ist kühl. Ideen sprudeln. Ist erfrischend und wohltuend. Und wenn wir, so erfrischt, wieder aus der Apfelsine herausklettern und zurückkehren von unserer kleinen Gedanken- und Phantasiereise, dann beginnen wir zu erkennen, werden geleitet. Und wir sehen: Selbst, wenn für uns die Wahrheit Gottes auch manchmal hart ist und schonungslos, es macht nichts, sie bleibt in der Hitze des Alltages erfrischend, eine Labsal für die Seele. So fruchtig-frisch wie eine Apfelsine. An Gottes Wahrheit, also an dem, was wirklich wahr ist, haben wir zu kauen und manchmal ganz schön zu beißen. Wir wären nicht die ersten, die sich fragen `Was ist Wahrheit´. Die Reihe der `VIPs´, also der `Very Important Persons´, die sich mit diesem Thema beschäftigt haben, reicht vom römischen Statthalter Pontius Pilatus und geht über den Philosophen Immanuel Kant bis hin zu Dietrich Bonhoeffer. Gottes Wahrheit ist – jedenfalls für mich – wie eine frische Apfelsine, die meine Seele, meinen Geist und meinen Körper erquickt und mich frisch macht, damit ich aufbrechen kann zu neuen Ufern. Durch Gottes Wahrheit werde ich geleitet. Sie lehrt mich, Gottes Gebote zu halten und das Rechte zu tun. Gottes

Wahrheit erquickt mich und löscht mir den Durst nach Erkenntnis. Es geht mir wie dem Beter des 23. Psalms, und ich kann sagen: „Er erquicket meine Seele" (Ps 23, 3). Gottes Wahrheit erfrischt, weil sie unsere Seele, unsere ganze Person erfrischt. Deshalb bete ich gerne die Worte des Psalmbeters: „Leite mich in deiner Wahrheit und lehre mich! Denn du bist der Gott, der mir hilft; täglich harre ich auf dich" (Ps 25, 3). Amen.

11. „... Gold habe ich nicht..." (Apg 3, 1-10)
Von den wahren Reichtümern im Leben[25]

Gnade sei mit euch und Friede von Gott unserm Vater und dem Herrn Jesus Christus. Das biblische Wort für die heutige Predigt steht in der Apostelgeschichte im 3. Kapitel, Verse 1-10:

„Petrus aber und Johannes gingen hinauf in den Tempel um die neunte Stunde, zur Gebetszeit. Und es wurde ein Mann herbeigetragen, lahm von Mutterleibe; den setzte man täglich vor die Tür des Tempels, die da heißt die Schöne, damit er um Almosen bettelte bei denen, die in den Tempel gingen. Als er nun Petrus und Johannes sah, wie sie in den Tempel hineingehen wollten, bat er um ein Almosen. Petrus aber blickte ihn an mit Johannes und sprach: Sieh uns an! Und er

---

[25] Predigt zu Apg 3, 1-10, gehalten im Gottesdienst am 21. August 1994 (12. Sonntag nach Trinitatis) in Vockenrot um 9.00 Uhr und in Sachsenhausen um 10.00 Uhr.

*sah sie an und wartete darauf, dass er etwas von ihnen emp-
finge. Petrus aber sprach: Silber und Gold habe ich nicht; was
ich aber habe, das gebe ich dir: Im Namen Jesu Christi von
Nazareth steh auf und geh umher! Und er ergriff ihn bei der
rechten Hand und richtete ihn auf. Sogleich wurden seine
Füße und Knöchel fest, er sprang auf, konnte gehen und stehen und ging mit ihnen in den Tempel, lief und sprang umher
und lobte Gott. Und es sah ihn alles Volk umhergehen und
Gott loben. Sie erkannten ihn auch, dass er es war, der vor
der Schönen Tür des Tempels gesessen und um Almosen
gebettelt hatte; und Verwunderung und Entsetzen erfüllte sie
über das, was ihm widerfahren war." (Apg 3, 1-10)*

Liebe Gemeinde!

Silber und Gold hat Petrus nicht gehabt! Damit sind Petrus
und sein Kollege Johannes von der guten Gesellschaft ihrer
Zeit beinahe ausgeschlossen gewesen. Denn wie kann man
sich im Leben halten, ohne Silber und ohne Gold? Wer kein
Silber und Gold hat, also wer kein Geld hat, der ist doch ein
armer Schlucker, ein Hungerleider. Kein Wort ist verhängnis-
voller, als wenn jemand sagt: „Ich habe kein Geld." Wer kein
Geld hat, setzt nichts durch. Der kann nichts kaufen. Nichts
zu essen, nichts zum Anziehen und auch keine schönen Sachen. `Ohne Moos nix los´ heißt es ja. Geld braucht man. Mit
Geld wird Geschichte gemacht, mit Geld macht man Meinun-
gen, mit Geld werden neue Zeiten aus der Taufe gehoben.
Und mit Geld verdeckt man seine Sünde und seine Schande.
Mit Geld kauft man sich schließlich auch ein schönes Begräb-
nis. Ich habe gehört, in Pforzheim auf dem Friedhof können
sich bei einer Beerdigung die Angehörigen etwas ganz Besonders kaufen. In Pforzheim auf dem Friedhof kann man

sich Zeit kaufen – wenn man genügend Geld hat. In so einer großen Stadt wie Pforzheim sterben viele Menschen, täglich. Und weil alles schnell gehen muss, weil alle beerdigt werden müssen, hat jede Trauergesellschaft für eine Beerdigung nur 15 Minuten Zeit in der Beerdigungskapelle. Die Zeit ist also sehr knapp bemessen. Wenn man also eine richtige Beerdigungsfeier haben will, dann braucht man Zeit. Und die ist teuer. Wer genügend Geld hat, kann seine Beerdigung verlängern, dann spielt vielleicht Musik und es ist Platz für Nachrufe; wer kein Geld hat, muss sich mit 15 Minuten für eine Bestattung zufrieden geben. Geld, Geld und nochmals Geld – scheint das also das ganze Geheimnis im Leben und im Sterben zu sein?

Nein, liebe Gemeinde! „Silber und Gold habe ich nicht..." (Apg 3, 6), sagt Petrus und hat doch alles, was der gelähmte Bettler vor der Türe des Tempels braucht. Und wie Petrus, so wissen viele Christinnen und Christen: Es gibt Dinge, die man nicht kaufen kann und die doch auf die Dauer wichtiger sind und wirksamer als all das, was man kaufen kann. Ich denke zum Beispiel an die Gesundheit. „Hauptsache gesund", sagen die Älteren unter uns. „Hauptsache gesund", sagen sie, denn sie wissen genau: Vieles kann man sich kaufen, aber Gesundheit, die kann man sich nicht kaufen. Und auch das andere kann man sich nicht kaufen, zum Beispiel den Glauben. Der Glaube, das ist ein armer Bettler, so wie der vor der Schönen Tür des Tempels. Der Glaube ist ein armer Bettler, arm und zerlumpt und oft auch gelähmt. Der Glaube gedeiht und wächst oft dort, wo man um etwas ringen und kämpfen muss, der Glaube wird oft auch nur gesund unter sehr harten

Bedingungen, bei harter Kost. Und dem Glauben tut es nicht gut, wenn er in Samt und Seide gelegt wird. Die Gesundheit und den Glauben kann man nicht kaufen.

Petrus und die ersten Jünger haben nicht viel Geld gehabt. Sie werden wohl oft in Not gelebt haben und ihnen wird es am nötigsten gemangelt haben. Aber sie haben auf Gott vertraut. Sie haben von Gott erwartet, was sie zu tun haben. Und Gott hat ihnen gegeben, was sie gebraucht haben, denn sie haben geglaubt. Gott hat ihnen die nötigen Mittel gegeben. Bis heute ist die Wahrheit niemals durch Geldmangel aufgehalten worden. Wo Christinnen und Christen auf Gott vertrauen, dort schenkt Gott ihnen Kraft, Lebenskraft. Dort zeigt Gott ihnen, wie sie schwierige Situationen meistern können, ja, wie sie leben und überleben können. Petrus hatte diese Lebenskraft von Gott. Petrus hat den armen Bettler, der an der Schönen Tür des Tempels gesessen hat, auf seine eigenen Füße gestellt. Wie das Wunder geschehen ist, wie es zu erklären ist – das wissen wir nicht. Darüber sind die Gelehrten unterschiedlicher Meinung.

Das Wesentliche aber ist für mich, dass uns hier berichtet wird: Hier hat es einen gelähmten Mann gegeben, der ist vierzig Jahre alt gewesen, und der ist gesund geworden, weil Petrus ihm das im Namen Jesu Christi zugesagt hat! Dieser Mann kann jetzt stehen und laufen und freut sich darüber und ist fröhlich! Dieser Mann hat seine Krankheit verloren, eine Krankheit, die er von Geburt an hatte, vierzig Jahr lang. Er ist aufgestanden, er ist umhergesprungen, er konnte sich seinen Weg durchs Leben neu unter veränderten Bedingungen suchen. Er musste nicht mehr betteln. Er konnte sich eine Arbeit

suchen. Und er hat aufgehört zu klagen. Er ist umhergesprungen vor Freude. Und er hat angefangen, Gott zu loben.
Von diesem Mann kann man wirklich sagen – und deshalb ist
uns dieses Ereignis, das damals in Jerusalem geschehen ist,
auch überliefert worden, in der Bibel – von diesem Mann
kann man wirklich sagen: Dieser Mensch ist neu geboren
worden. Das ist das Geschenk Jesu Christi gewesen an ihn
– die körperliche und seelische Gesundheit. Und dieses Geschenk Jesu Christi hat ihm Petrus gegeben mit den Worten:
„Silber und Gold habe ich nicht; was ich aber habe, das gebe
ich dir: Im Namen Jesu Christi von Nazareth steh auf und geh
umher!" (Apg 3, 10) Wer Lebenskraft hat und wer Leben we-
cken kann, wer Frauen und Männer, Kinder und Alte erneu-
ern kann und wer einen Bettler in jemanden verwandelt, der
wieder gerne lebt, der hat das, was uns Menschen sehr viel
mehr nützt als Geld: der hat Lebenskraft!
Petrus konnte sich dem gelähmten Bettler nur zuwenden,
weil er einen – wie soll ich sagen – inneren Zusammenhang
gehabt hat mit dem starken Geist Jesu Christi. „Silber und
Gold habe ich nicht; was ich aber habe, das gebe ich dir: Im
Namen Jesu Christi von Nazareth steh auf und geh umher!"
(Apg 3, 10) Petrus hat geglaubt an den Auferstandenen, und
dieser Glaube, dieser Glaube ist seine Macht gewesen. Er
hat sich gehalten gefühlt. Er wusste sich getragen von dem
Herrn, der stärker ist als alle Mächte dieser Erde. Und durch
diese Beziehung zu Jesus Christus hat Petrus Kraft geschenkt bekommen und Liebe und Mut. In Christi Namen tritt
er an die Not heran und befiehlt der Not, dass sie gehen soll.
Noch heute ruht in diesem Namen Jesus Christus eine

Menge an unausgeschöpfter Kraft. Im Namen Jesu Christi ruht mehr Leben als in allem Geld der Erde. Noch heute wird in seinem Namen geheilt. Geheilt wird in seinem Namen, wenn Hoffnung weitergegeben wird. Wenn wir Christinnen und Christen Hoffnung weitergeben, wenn wir unseren Mitmenschen Mut machen zum Leben. Dann, wenn jemandem die Kraft ausgegangen ist. Etwa wenn jemand verzweifelt ist, weil ein Angehöriger gestorben ist und er über dessen Tod nicht hinwegkommt. Heilend kann wirken, wenn ich mich um diesen Menschen kümmere, mit ihm spreche, ihn erzählen lasse vom Verstorbenen, wenn ich mir Zeit nehme, ihm zuhöre. Wenn ich ihm zuspreche: „Lass dich aufrichten von Gott! Lass dich trösten durch Jesus Christus." Ich kann deshalb meinem Nächsten Mut machen, weil mich selbst jemand anders trägt. Weil ich nicht in meinem eigenen Namen handeln muss. Sondern weil mir im Namen Jesu Christi Kraft zuwächst. Darauf können wir – glaube ich – wirklich vertrauen – dass wir in schwierigen Situationen, in denen andere auf uns angewiesen sind, in denen andere von uns ein Wort brauchen, das sie aufrichtet, damit dann auch wir Kraft bekommen. Das können wir anderen Menschen weitergeben: Mut, Lebenskraft und Hoffnung – unseren Glauben! Wir wissen wie Petrus: Silber und Gold haben wir nicht, aber was wir haben, das geben wir. Wir haben den Namen Jesu Christi und das ist mehr und das hilft oft mehr als alles Silber und Gold dieser Erde. Was wir haben, das geben wir. Denn wir wissen: In Jesus Christus ist Leben. Amen.

12. „Als er ihn… ergriffen hatte…" (Apg 12, 1-11)
Des einen Freud, des anderen Leid[26]

Gnade sei mit euch und Friede von Gott unserm Vater und dem Herrn Jesus Christus. Das biblische Wort für die Predigt heute steht in der Apostelgeschichte des Lukas, Kapitel 12, Verse 1-11:

„Um diese Zeit legte der König Herodes Hand an einige von der Gemeinde, sie zu misshandeln. Er tötete aber Jakobus, den Bruder des Johannes, mit dem Schwert. Und als er sah, dass es dem Volk gefiel, fuhr er fort und nahm auch Petrus gefangen. Es waren aber eben die Tage der Ungesäuerten Brote. Als er ihn nun ergriffen hatte, warf er ihn ins Gefängnis und überantwortete ihn vier Wachen von je vier Soldaten, ihn zu bewachen. Denn er gedachte, ihn nach dem Fest vor das Volk zu stellen. So wurde nun Petrus im Gefängnis festgehalten; aber die Gemeinde betete ohne Aufhören für ihn zu Gott. Und in jener Nacht, als ihn Herodes vorführen lassen wollte, schlief Petrus zwischen zwei Soldaten, mit zwei Ketten gefesselt, und die Wachen vor der Tür bewachten das Gefängnis. Und siehe, der Engel des Herrn kam herein, und Licht leuchtete auf in dem Raum; und er stieß Petrus in die Seite und weckte ihn und sprach: Steh schnell auf! Und die Ketten fielen ihm von seinen Händen. Und der Engel sprach zu ihm: Gürte dich und zieh deine Schuhe an! Und er tat es. Und er sprach zu ihm: Wirf deinen Mantel um und folge mir! Und er ging hinaus und folgte ihm und wusste nicht, dass ihm das wahrhaftig geschehe durch den Engel, sondern meinte, eine Erscheinung zu sehen. Sie gingen aber durch die erste und zweite Wache und kamen zu dem eisernen Tor, das zur Stadt

---

[26] Predigt über Apg 12, 1-12, gehalten am 18. September 1994 (16. Sonntag nach Trinitatis) in Vockenrot um 9.00 Uhr und in Sachsenhausen um 10.00 Uhr.

führt; das tat sich ihnen von selber auf. Und sie traten hinaus und gingen eine Straße weit, und alsbald verließ ihn der Engel. Und als Petrus zu sich gekommen war, sprach er: Nun weiß ich wahrhaftig, dass der Herr seinen Engel gesandt und mich aus der Hand des Herodes errettet hat und von allem, was das jüdische Volk erwartete." (Lk 12, 1-11)

Liebe Gemeinde!

„Des einen Freud, des anderen Leid!" Dieses Sprichwort gilt für Jakobus und Petrus. „Des einen Freud, des anderen Leid!" Beide Jünger Jesu sitzen im Gefängnis, beide hungern und beide dürsten sie. Aber nur einer wird das Gefängnis lebend wieder verlassen. Das wird Petrus sein. Jakobus, ein Jünger Christi, erleidet den Märtyrertod. Er muss für seinen Glauben sterben, er wird ermordet. Petrus gelangt in die Freiheit. So haben wir soeben gehört. Und so war das schon immer in der Geschichte der Kirche. Der eine tritt für seinen Glauben ein, stirbt für seinen Glauben, der andere erlangt auf die eine oder andere Weise die Freiheit wieder. Und er berichtet den anderen, seinen Mitchristinnen und Mitchristen und der Welt, von dem Schicksal und dem Leidensweg seines Mitgefangenen. Nur so erfahren wir Nachgeborenen etwas über das Leben des anderen Gefangenen, der gestorben ist.

Ich möchte Ihnen ein Beispiel nennen aus unseren Tagen, aber auch aus der Kirchengeschichte. Wir schreiben das Jahr 1943. Es ist der 5. April. Eine Zelle in Berlin. Unruhig läuft ein prominenter Gefangener hin und her. Er ist von kleiner, fester Gestalt, sein Haar ist schon etwas lichter, er ist Ende dreißig. Eineinhalb Jahre lebt er dort in einer winzigen Zelle, zwei mal drei Meter groß. Ausgestattet ist sie mit einer harten Pritsche, einem kleinen Holzschemel und einem dünnen Brett an der Wand, auf dem steht das Nötigste. In der Zelle ist es kalt. In sie dringt kaum Licht. Zu Beginn der Haft öffnet sich die Zellentür nur zum Essensempfang und zum Ausleeren des Kübels für die Notdurft. Die Gefängniswärter haben strikte Anweisungen, kein Wort mit dem Gefangenen zu sprechen. Alle persönlichen Sachen werden ihm weggenommen, sogar seine Bibel. Die Isolationshaft setzt ihm schwer zu. Selbsttötungsgedanken stellen sich ein. Er befürchtet, dass er seine Mitstreiter und Freunde verraten könnte, wenn man ihn foltern würde. Als er dann Hafterleichterung bekommt, bringen ihm seine Verwandten und Freunde Bücher und Schreibpapier in die Zelle. Nun darf er dreimal pro Monat Briefe an seine Familie schicken. Er liest sehr viele Bücher, befasst sich mit allen möglichen Themen und schmuggelt seine theologischen Aufzeichnungen aus dem Gefängnis. Der 20. Juli mit seinem gescheiterten Attentat auf Hitler bringt eine Wende in seiner Haft. Die Gestapo bekommt heraus, dass er und ein Teil seiner Verwandten und Freunde einem Verschwörer-Ring angehört haben, der sich dem Widerstand gegen Hitler verschrieben hatte. Er wird in ein anderes Gefängnis verlegt. Jetzt wartet er auf den Tod. Am 9. April 1945 wird er im Konzentrationslager Flossenbürg umgebracht, an einem langen Nagel und einer Drahtschlinge aufgehängt. Ruhig und gefasst stirbt er. Seine letzten Worte sind: „Das ist das Ende – für mich der Beginn des Lebens."[27]

---

[27] Eberhard Bethge, Dietrich Bonhoeffer. Eine Biographie, München 1989, 7 1989, 1037. Dieser Satz Dietrich Bonhoeffers ist überliefert worden – ob er authentisch ist, bleibt umstritten.

Es ist Dietrich Bonhoeffer, von dem ich Ihnen erzählt habe. Dietrich Bonhoeffer, einer der größten protestantischen Theologen unseres Jahrhunderts, ein Märtyrer des christlichen Glaubens, von den Nationalsozialisten um seines Glaubens willen hingerichtet. Hier in Wertheim hat man ihm ein kleines Denkmal gesetzt, indem man unten in der Stadt das Gymnasium nach ihm benannt hat. Der Lebenslauf von Dietrich Bonhoeffer hat mich schon immer fasziniert. Für mich ist Bonhoeffer der Inbegriff eines Christen, der seinen Weg ganz Gott anbefohlen hat. Bonhoeffer hat zwar gezweifelt, er hat auch mit vielen Anfechtungen zu kämpfen gehabt und ist auch verbittert gewesen über das Schlimme, was geschehen ist. Aber sein Gottvertrauen ist stärker gewesen als alle Anfechtungen. Sein Gottvertrauen hat ihm geholfen, auszuharren und Gott ganz zu vertrauen, der alltäglichen Menschenverachtung um ihn herum nicht das letzte Wort zu überlassen. Schon öfter wurden hier in Wertheim Vorträge zum Leben und Werk Dietrich Bonhoeffers gehalten. Nächstes Jahr im April wird jemand, den ich ganz besonders schätze und von dem ich selbst viel gelernt habe, extra nach Wertheim kommen, der Bischof von Berlin, Prof. Dr. Wolfgang Huber. Anlässlich Dietrich Bonhoeffers fünfzigsten Todestages wird Bischof Huber hier einen Vortrag über Dietrich Bonhoeffer halten. Auch Eberhard Bethge, Bonhoeffers enger Vertrauter, ist bereits hier gewesen und hat über seinen Freund berichtet. Das meiste, was wir über Dietrich Bonhoeffer wissen, wissen wir von Eberhard Bethge. Er ist mit Bonhoeffer im Gefängnis gewesen, kam aber wieder frei und überlebte. Bonhoeffer wurde hingerichtet, Bethge gelang es zu fliehen, die Freiheit wieder zu erlangen. Eberhard Bethge, heute weit in den Achtzigern, hat e sich deshalb zur Aufgabe gemacht, allen anderen von seinem Freund zu berichten – was dieser gedacht hat und was er getan hat und warum.

Mit Dietrich Bonhoeffer und Eberhard Bethge ist es wie mit Jakobus und Petrus. Jakobus erleidet den Märtyrertod, Petrus führt ein Engel des Herrn in die Freiheit. Bonhoeffer stirbt, Bethge überlebt auf wundersame Weise. Er kommt auf wundersame Weise aus dem Gefängnis frei der Tod des einen, die Freiheit des anderen. Petrus weiß wahrhaftig, dass Gott seinen Engel geschickt hat und ihn aus der Hand des Diktators Herodes gerettet hat. Und Petrus, so wird uns wenig später berichtet, geht sofort zum Haus der Maria, der Mutter des Jüngers Johannes Markus und erzählt ihr davon, wie der Herr Petrus aus dem Gefängnis geführt hat. Hier bei Maria sind viele beieinander und beten gemeinsam. Und schon früher erfahren wir: Als Petrus im Gefängnis ist, betet die Gemeinde „ohne Aufhören für ihn zu Gott" (Apg 12, 5), haben wir gehört. Sie hält Fürbitte für Petrus. Während Petrus sich in dieser ausweglosen Lage befindet, hält die Gemeinde Fürbitte für ihn und trägt seine Not vor Gott. Man betet in Gebetsversammlungen im Hause einzelner und man betet öffentlich. Mehrere Tage ist Petrus in Gefangenschaft, ohne dass etwas passiert. Doch da, plötzlich, steht der Engel des Herrn im Raum, ein Bote Gottes, und führt Petrus in die Freiheit. Gebet und Befreiung stehen hier ganz eng beieinander. Gebet und Befreiung gehören zusammen.

Liebe Gemeinde! Oft höre ich den Satz, dass die Welt schlimm ist und dass man doch nichts tun kann. Ich bin da anderer Meinung. Ich glaube den Satz nicht, dass man doch nichts tun kann. Ich glaube, dass uns die Geschichte von der Befreiung des Petrus zeigt: Selbst in einer ausweglos scheinenden Lage, in einer hoffnungslosen Situation, wenn wir bedrückt sind und uns Sorgen machen, kann etwas geschehen, was die Situation schlagartig ändert! Selbst wenn wir wie Petrus oder Jakobus oder wie Eberhard Bethge oder Dietrich Bonhoeffer im Gefängnis sind, und zwar in unseren Gefängnissen – die Krankheit der Kinder, die Depressionen beim Tod eines geliebten Menschen, die gesundheitlichen Beschwerden, die Angst, anderen zur Last fallen zu können, das sind unsere Gefängnisse heute – selbst in ausweglosen Situationen, in unseren Gefängnissen, will uns diese Geschichte trösten und Mut machen. Denn selbst in solchen Situationen voller Sorgen brauchen wir nicht zu verzweifeln, weil uns noch etwas bleibt, wenn wir gar nichts mehr tun können – nämlich das zu tun, was die ersten Christinnen und Christen getan haben: Wir können beten, wir können zu Gott beten und wir können uns gegenseitig Trost zusprechen. Wir können gegenseitig aneinander denken im Gebet. Wie es ein guter Freund Dietrich Bonhoeffers, der Theologe Helmut Gollwitzer, einmal gesagt hat: „Das Gebet ist die Tür aus dem Gefängnis der Sorge." Amen.

13. „Und sie brachten Kinder..." (Mk 10, 13-16)
Kind, du bist uns anvertraut[28]

„Und sie brachten Kinder zu ihm [Jesus], damit er sie anrühre. Die Jünger aber fuhren sie an. Als es aber Jesus sah, wurde er unwillig und sprach zu ihnen: Lasst die Kinder zu mir kommen und wehret ihnen nicht; denn solchen gehört das Reich Gottes. Wahrlich, ich sage euch: Wer das Reich Gottes nicht empfängt wie ein Kind, der wird nicht hineinkommen. Und er herzte sie und legte die Hände auf sie und segnete sie." (Mk 10, 13-16)

Liebe Eltern und Paten, liebe Angehörige, liebe Kinder!
Heute feiern wir in diesem Gottesdienst die Taufe der kleinen Anna und des kleinen Marvin. An ihre Taufe werden sich die beiden später bestimmt nicht mehr erinnern können. Wenn Anna und Marvin in einigen Jahren den Kindergottesdienst besuchen – was ich hoffe – und wenn dann dort ein Kind getauft wird, dann werden sie vermutlich fragen: „Mama, Papa, was macht denn die Pfarrerin mit dem Baby da vorne?" Dann werden Sie, die Eltern oder Sie, die Paten, ihnen erzählen, dass die Pfarrerin da vorne das Kind tauft und dass Anna und Marvin einst auch getauft worden sind und Sie werden ihnen hoffentlich auch erzählen, warum sie getauft worden sind. Und dann werden Sie Ihnen bestimmt ein Erinnerungsfoto an den heutigen Tag zeigen.

---

[28] Taufpredigt zu Mk 10, 13-16, anlässlich der Taufe von Anna M. und Marvin H. aus D. gehalten im Gottesdienst in Sachsenhausen am 16. Oktober 1994 (20. Sonntag nach Trinitatis) um 10.00 Uhr.

Der Großteil von uns, liebe Gemeinde, vermutlich wir alle, sind getauft worden, als wir Kinder, Babys waren. Natürlich können auch wir uns nicht mehr daran erinnern, wie das gewesen ist damals – was bei unserer Taufe geschehen ist, ob wir geschrien haben als das Wasser über unseren Kopf kam und auch an das Gefühl, das wir dabei hatten, haben wir keine Erinnerung. Und deshalb sind für uns heute diese beiden Taufen so wichtig, die Taufe von der kleinen Anna und die Taufe vom kleinen Marvin. Wenn die beiden nämlich heute getauft werden, dann können wir daran denken: „Auch wir wurden einmal getauft. Und bei unserer Taufe war das ganz ähnlich wie in diesem Gottesdienst." Wir werden mit jeder Taufe an unsere eigene Taufe erinnert.

Die Taufe geschieht wie jeder Gottesdienst im Namen Gottes des Vaters, des Sohnes und des Heiligen Geistes. Nachher werden Anna und Marvin deshalb auch im Namen es dreieinigen Gottes getauft werden. Diese Formel der Dreieinigkeit ist wichtig! Sie verbindet uns hier in Sachsenhausen miteinander. Der Glaube an den dreieinigen Gott verbindet vor allem Anna und Marvin nicht nur mit der Gemeinde hier, sondern verbindet sie mit der gesamten Christenheit. Überall auf der Welt, wo sich Christinnen und Christen in Jesu Namen versammeln. Es ist wichtig, dass der Name Gottes über dem Kind, das getauft wird, öffentlich genannt wird. Die Taufe im Namen Gottes bedeutet nämlich: Gott hat Anna und Marvin lieb. Er kümmert sich um sie. Er ist wie ein toller Vater und wie eine großartige Mutter zu ihnen. Gott schenkt Anna und Marvin etwas Großartiges. Er verspricht ihnen: Ich bin für

Dich da! Ich bin für dich, liebe Anna und für dich, lieber Marvin, da – dein ganzes Leben lang!

Auch Jesus Christus, Gottes Sohn, unser Bruder und unser Herr, ist für die beiden da und ist für uns da. Jesus Christus hat uns ein Beispiel gegeben, wie das ist mit Gottes Liebe. Im Johannesevangelium lesen wir: „Meine Schafe hören meine Stimme, und ich kenne sie, und sie folgen mir, und ich gebe ihnen das ewige Leben, und sie werden nimmermehr umkommen, und niemand wird sie aus meiner Hand reißen." (Joh 10, 27+28) Auch Kinder haben einst zugehört, wenn Jesus seine Geschichte mit und von Gott erzählt hat. Und weil Kinder in der Regel Tiere mögen, erzählt Jesus ihnen von Schafen und von dem guten Hirten. Und so wie Jesus redet, wird plötzlich deutlich: Jesus selbst ist der gute Hirte. Die Menschen können auf ihn so vertrauen, wie die Schafe ihrem Hirten vertrauen können, dass er sie beschützt und sie behütet und ihnen hilft: „Denn er hat seinen Engeln befohlen, dass sie dich behüten." (Ps 91, 11+12) Jesus, der gute Hirte, spricht zu uns, zu denen, die ihm vertrauen: „Meine Schafe hören meine Stimme und ich kenne sie." (Joh 10, 27) Und viele Schäfchen und Lämmer sind mit dem guten Hirten unterwegs. Er kümmert sich um sie, sie sind ihm anvertraut und er gehört zu ihnen und sie zu ihm. Und weil er ein guter Hirte ist, lässt er kein einziges Schäfchen allein. Und wenn eines der Schäfchen krank ist, pflegt er es liebevoll. Hat sich eines verletzt, dann sieht das der gute Hirte und verbindet es. Der gute Hirte kennt seine Schafe, jedes einzelne. Jeden Tag ist er da. Alles, was er tut, soll dazu beitragen, dass es den Schäfchen gut geht. Der gute Hirte kümmert sich um das neugeborene Schaf. Er kümmert sich auch um die Mutter und um den Vater. Der gute Hirte kümmert sich um das kleine Geschöpf und er hilft der Mutter, damit sie das Kleine gut versorgen kann. Der gute Hirte kennt alle seine Schafe. Und seine Schafe kennen ihren Hirten und hören seine Stimme. Das ist wichtig! Denn es gibt auch Gefahren. Mit denen rechnet das Schaf nicht. Der gute Hirte aber sieht die Gefahr voraus. Er warnt das Schaf und kommt ihm zu Hilfe. Die Schafe wissen, dass sie einen guten Hirten haben. Er hat ihnen schon oft geholfen. Einmal, da ist ein gefährliches Raubtier gekommen, das wollte die Schäfchen fressen. Da hat der Hirte seine Schafe nicht allein gelassen. Er ist nicht weggelaufen. Er hat gegen das Raubtier gekämpft und dabei nicht an seine eigene Sicherheit gedacht. Der Hirte hat an seine Schafe gedacht und deshalb folgen sie ihm nicht umsonst. Denn sie wissen: Bei ihm sind sie gut aufgehoben. So hat Jesus den Kindern und den Erwachsenen dieses Gleichnis vom guten Hirten erzählt. „Ich bin der gute Hirte" (Joh 10, 11), sagt er. Die Erwachsenen und die Kinder, die mir vertrauen, sind wie die Schafe und wie die Lämmer. Jesus gibt ihnen das ewige Leben. Das heißt: In Jesu Nähe werden sie alle glücklich sein. Sie werden ein sinnerfülltes Leben führen. Jesus kümmert sich um alle, die ihm vertrauen und die an Gott glauben.

Auf den Namen des dreieinigen Gottes, des Vaters, des Sohnes und des Heiligen Geistes werden die kleine Anna und der kleine Marvin gleich getauft werden. Auf den Namen des dreieinigen Gottes sind auch wir getauft worden. Jesus sagt: „Ich bin der gute Hirte." (Joh 10, 11) Wenn ein Kind getauft wird, dann gehört es von nun an zu diesem Jesus von Nazareth, der es beschützt und lieb hat. Unsere beiden Kinder heute wissen noch nichts von Jesus Christus. Jesus aber kennt sie. Sie sind hineingenommen ein eine lange Tradition, in die Reihe der Getauften, die vor ihnen waren. Und die beiden Kinder sind hineingenommen in den Bund all derer, die in Zukunft wie sie noch getauft werden. Gott sagt in der Taufe zu einem jeden von uns: Ich habe dich lieb. Ich will dich beschützen. Denn, so heißt es im 5. Buch Mose: „Und der Herr, dein Gott, ist ein barmherziger Gott; er wird dich nicht verlassen noch verderben." (5. Mose 4, 31)

Wir sind getauft und konnten damals noch nicht verstehen, warum und was mit uns geschehen ist. Das war auch nicht so wichtig. Denn es kommt zunächst darauf an, was Gott an dem Kind tut. Gott verspricht dem Kind: `Ich bin für dich da.´ Er wird seinen Engeln befehlen, dass sie dich behüten auf allen deinen Wegen. Denn Gott der Herr ist ein barmherziger Gott, der dich nicht verlassen wird und nicht verderben. Gott sagt: Ich bin für dich da, liebe Anna. Und er sagt: Ich bin für dich da, lieber Marvin. Ich freue mich und wir alle dürfen uns freuen, dass Gott dieses Versprechen durch die Taufe auch uns gegeben hat. Weil Gott für uns da ist, hören wir auf seine Stimme. Wir hören auf das, was er uns sagt. Und wir antworten auf all das Wunderbare, was Gott uns schenkt. Wir antworten ihm, wenn wir uns freuen, wann immer wir auf ihn vertrauen, wenn wir beten und wenn wir singen. Amen.

14. „Leidet jemand…, der bete…" (Jak 5, 13-16)
„Ein Indianer kennt keinen Schmerz"[29]

Gnade sei mit euch und Friede von Gott unserm Vater und dem Herrn Jesus Christus. Das biblische Wort für die Predigt heute steht bei Jakobus im 5. Kapitel, Verse 13-16:

„Leidet jemand unter euch, der bete; ist jemand guten Mutes, der singe Psalmen. Ist jemand unter euch krank, der rufe zu sich die Ältesten der Gemeinde, dass sie über ihm beten und ihn salben mit Öl in dem Namen des Herrn. Und das Gebet des Glaubens wird dem Kranken helfen, und der Herr wird ihn aufrichten; und wenn er Sünden getan hat, wird ihm vergeben werden. Bekennt also einander eure Sünden und betet füreinander, dass ihr gesund werdet." *(Jak 5, 13-16)*

Liebe Gemeinde!

Heute möchte ich Ihnen von meinem Freund Hermann erzählen, einem guten Freund aus Kinder- und Jugendtagen. Mein Freund Hermann ist 15 Jahre lang krank gewesen, zeitweise ans Bett gefesselt! 15 Jahre lang hat er einmal im Monat regelmäßig eine Woche krank im Bett gelegen. Als er etwa ein Jahr alt war, da ist sie gekommen, die Krankheit, ganz plötzlich. Asthma heißt diese Krankheit. Damals, Mitte der sechziger Jahre, ist das eine völlig neue Krankheit gewesen, relativ unerforscht. Man leidet bei einem akuten Anfall unter extremer Atemnot, bekommt Erstickungsanfälle, die Lunge ist in-

---

[29] Predigt über Jakobus 5, 13-16, gehalten im Gottesdienst am 9. Oktober 1994 (19. Sonntag nach Trinitatis) in Sachsenhausen um 9.00 Uhr und in Wertheim-Wartberg um 10.15 Uhr.

nen verklebt und man muss immer husten. Sehr, sehr unangenehm ist das. Heute gibt es Asthmasprays dagegen, die die Bronchien weiten und dem Kranken Luft verschaffen. Damals, in seinen Kinder- und Jugendtagen, gab es so etwas noch nicht. 15 Jahre lang hat mein Freund Hermann jeden Monat daher einmal die Woche unter asthmatischen Anfällen zu leiden gehabt. Und dann musste er im Bett liegen, eine Woche lang. Man konnte die Uhr danach stellen. Plötzlich kam sie, gewissermaßen über Nacht und legte ihn völlig lahm. Zur Schule gehen war undenkbar – das war schlimm für ihn, denn er ging gerne zur Schule, er mochte seine Mitschülerinnen und Mitschüler. Und er wollte etwas lernen. Die Auslöser für sein Asthma sind Allergien gewesen – Allergien gegen Hausstaubmilben oder auch gegen Frühlingsblüher. Und plötzlich, so schnell wie sie gekommen sind, waren diese Anfälle wieder weg, verschwunden, als er so vierzehn, fünfzehn Jahre alt war, es wurde eine Desensibilisierung durchgeführt und plötzlich waren die Asthma-Anfälle weg. Seither ist er gesund, hat er nie wieder einen solchen Anfall gehabt. Zum Glück für ihn und Gott sei Dank.

Mein Freund Hermann – heute ist er selbst praktizierender Arzt – kann sich von daher gut in Personen hineinversetzen, die krank sind und ihn aufsuchen. Insbesondere Kinder leiden bekanntlich heutzutage häufig unter Heuschnupfen oder unter Asthma oder unter Neurodermitis – Sie wissen, das ist dieser Hautausschlag über den ganzen Körper, dieser elende Juckreiz. Viele Kranke, insbesondere Asthmatiker und Neurodermitiker, leiden unter ihrer Krankheit auch seelisch. Können Sie sich vorstellen, wie ein Junge mit Asthma sich fühlt, der im Sport beim Hundertmeterlauf immer der Letzte ist, weil ihm die Luft ausgeht? Oder der immer von der Französischlehrerin diskriminiert wird, weil er sich weigert, wegen des feinen Staubes, der ihm die Luft nimmt, die Tafel zu putzen? Können Sie sich vorstellen, wie ein Mädchen sich fühlt, das Neurodermitis hat, wenn es im Schwimmbad von den anderen Kindern so behandelt wird, als sei es eine Aussätzige, obwohl jeder weiß, dass Neurodermitis nicht ansteckend ist? Wenn man krank ist, leidet man darunter. Man leidet auch darunter, dass ausgerechnet man selbst diese Krankheit hat und niemand anderes. Kennen Sie das? Dann fragt man sich: Warum muss gerade ich so leiden? Warum nicht die andern? Dann klagt man auch Gott an, dass Gott so etwas zulässt und man fragt im Gebet: „Herr, warum ich? Warum gerade ich? Ich habe doch nichts Unrechtes getan."

Schon oft ist mir der Gedanke begegnet, etwa im Krankenhaus bei Besuchen – viele Kranke denken, ihre Krankheit ist die Folge ihres Tuns. Sie denken, sie haben irgendetwas getan, dass sie so leiden müssen. Die Krankheit deuten sie als Strafe für etwas Unrechtes, für Sünde. Sie denken, sie sind krank geworden, weil sie gesündigt haben. Aber ich denke, Krankheit und Sünde gehören auf gar keinen Fall zusammen! Die Krankheit ist keine Folge von Sünde! Es ist doch nicht wahr, dass Gott einen mit einer Krankheit straft, weil man eine Sünde begangen hat, dass Krankheit irgendeine Strafe von Gott ist. Denn dann müssten ja auch neugeborene Kinder, wenn sie krank geboren werden, schon eine Sünde begangen haben, und das ist ja zweifellos nicht der Fall und ein evangelischer Christ glaubt das schon gar nicht!

Mein Freund Hermann hat mir erzählt, wie das gewesen ist damals. Wenn damals, als er krank war, der Arzt zu ihm kam, dann ist er immer erleichtert gewesen. Dann hat er alles Klagen vergessen. Immer wenn der Arzt das Zimmer betrat – ja, schon vorher, als er ihn von weitem kommen hörte – dann fühlte er sich sofort besser. Der Arzt – ich kenne ihn auch, er hieß Dr. Albert Lieben und ist schon lange tot – hat ihm dann wieder Mut gemacht und zu ihm gesagt: „Kopf hoch, Hermann, ein Indianer kennt keinen Schmerz." Dr. Lieben wusste, dass Hermann die Cowboys und die Indianer sehr gern mochte und sich neben griechischen und römischen Sagen für den Wilden Westen interessierte. Und dann hat er ihm eine Spritze gegeben, die ihm die Beklemmung nahm und die Lungen weitete und dann ist es Hermann gleich besser gegangen. Aber es ist nicht nur diese Spritze gewesen, die ihm damals geholfen hat, meint er heute. Es waren vor allem diese Worte: „Kopf hoch! Ein Indianer kennt keinen Schmerz!" Diese Worte sind für meinen Freund sehr wichtig gewesen – dieser Zuspruch von jemand Fremden, von jemand außerhalb der Familie, von diesem Arzt: „Kopf hoch! Ein Indianer kennt keinen Schmerz!" Und dann, so erzählte mir mein Freund, als er wieder gesund war, hat ihm der Arzt meistens auch noch die Hand aufgelegt, sanft auf den Kopf und hat ihn getröstet.

Was ich damit sagen will, ist dies: Der Trost von jemanden kann sehr wichtig sein für einen Kranken. Der Zuspruch – dass einer einem zuhört. Wenn man Leute kennt, die krank sind, dann ist es oft gut, wenn man sie nicht ständig fragt, was sie haben und wie es ihnen geht und sie dadurch ständig daran erinnert, dass sie krank sind. Es ist wichtig, da zu sein oder etwas mit ihnen zu unternehmen. Und dann ist es wichtig, zuzuhören, wenn sie das Bedürfnis haben zu erzählen, wenn sie erzählen wollen von ihrer Krankheit. Wenn sie erzählen wollen, dann ist es wichtig, ihnen auch zuzuhören. Trost kann in etwas ganz Einfachem bestehen, Trost kann es nämlich auch sein, einem Kranken einfach nur aktiv zuzuhören.

Später hat mein Freund Hermann dann immer gesagt, es gehe ihm schlecht, man solle sofort den Arzt holen und er wolle nur diesen Arzt. Und der kam dann auch, der wusste das. Und jetzt kommt's und das ist nicht erfunden, sondern die Wahrheit: Dieser alte und erfahrene Arzt ist Ältester in der Kirchengemeinde gewesen. Das biblische Wort für heute passt haargenau: „Ist jemand unter euch krank, der rufe zu sich die Ältesten der Gemeinde, dass sie über ihm beten und ihn salben mit Öl in dem Namen des Herrn." Gut, das Gebet hat dieser Älteste vermutlich im Stillen gesprochen, das wusste mein Freund nicht, und die Ölsalbung hat so auch nicht stattgefunden. Aber dieses Salben mit Öl, das kann dann im übertragenen Sinne bedeuten: der Blick der Augen, die Handauflegung auf die Stirne, etwa bei Fieber oder das Streicheln der Haare oder einfach nur Dasein, die Nähe, einfach nur im Raum sein. Das kann für den, der krank ist, durchaus Salbung bedeuten im übertragenen Sinne. All das kann man im Namen des HERRN tun, im Namen Gottes. Der HERR kümmert sich um seine Geschöpfe. Der HERR sorgt dafür, dass ihnen kein Haar vom Kopfe fällt. Im Namen des

Herrn können wir viel Gutes tun. Dazu gehören auch Krankenbesuche, Besuche im Krankenhaus oder zu Hause. Ich sehe es noch vor meinem geistigen Auge, denn, wie gesagt, ich kannte den Arzt persönlich auch: Wie er sonntags im Gottesdienst – das eine Bein nachziehend, denn er war durch eine Kriegsverletzung gehbehindert – lang durch die Kirche mit seinem Stock humpelnd die Kollekte zum Altar brachte.

Liebe Gemeinde!
Ich finde, der Besuch der Kranken sollte nicht nur dem Pfarrer, den Vikaren, Diakonen oder den Ältesten in der Gemeinde überlassen bleiben. Auch nicht dem Krankenhauspfarrer, der kommt, wenn man im Krankenhaus liegt. Nein, wir alle, die wir hier sitzen, können Kranke besuchen, können auf Kranke zugehen, sie behutsam behandeln, sie mit Samthandschuhen anfassen. Denn die Kranken nehmen alles sehr sensibel wahr und oft ist ihre Seele durch ihre Krankheit strapaziert. Zum Wohle des Menschen gehört ja nicht nur seine körperliche Gesundheit, sondern auch seine seelische Gesundheit. Aber gerade mit unserer seelischen Gesundheit liegt oft vieles im Argen: zu unserer seelischen Befindlichkeit gehören oft Angst, Unsicherheit, Erfahrungen, dass wir abhängig sind und ohnmächtig. Im Krankenhaus habe ich von Kranken schon vielfach gehört: „Ich muss schnell wieder gesund werden" oder „Ich darf meine Arbeit nicht verlieren" oder „Hoffentlich hat die Familie alles, ist jeder versorgt." Aus diesen Worten spricht die Sorge und das habe ich, als jemand, der zuhört, ernst zu nehmen. Ich habe dem anderen Raum zu geben zur Klage! „Wenn einer unter euch leide, dann bete

er", das heißt doch auch, dann spreche er es aus, dann klage er. Gefühle müssen gesagt werden, anderen mitgeteilt werden, einander mitgeteilt werden. Die Sorgen müssen eine Adresse bekommen. Die beste Adresse für eine solche Klage ist der liebe Gott. Der barmherzige Gott hat für jede Klage ein offenes Ohr. Einige Menschen schaffen es, dass sie sich selbst trösten können, aber beileibe nicht alle. Sie brauchen die Hilfe Gottes und die Hilfe anderer Menschen und sie brauchen Trost. Die Gemeinde wäre der Ort, in der man sicher sein könnte, solchen Trost, gerade auch solchen seelischen Trost zu erhalten. Hier trifft man Menschen, die man kennt und von denen man weiß, sie verstehen einen und könnten einem auch weiterhelfen. Wir alle, jeder von uns, können diese Kranken unter uns und in unserer Nähe wieder aufrichten, wenn sie geknickt sind und depressiv werden, etwa indem wir zu ihnen ein freundliches Wort sagen. Jeder, der schon durch ein freundliches Wort aus seiner Trübsal herausgeholt worden ist und der dann wieder mit neuer Kraft und mit neuem Schwung den Alltag bewältigen konnte, weiß, wie wichtig das ist. Uns hier im Gottesdienst bleibt heute, an die Kranken in unseren Reihen zu denken, für die Kranken in unserer Kirchengemeinde zu beten und sie in unser Gebet einzuschließen. Denn „das Gebet des Glaubens wird dem Kranken helfen, und der Herr wird ihn aufrichten." (Jak 5, 15) Amen.

15. „... wir müssen alle offenbar werden..." (2. Kor 5, 10) Vom Jüngsten Gericht[30]

Ich habe für die heutige Andacht, die letzte Andacht an einem normalen Kurstag hier im Hause – diejenigen, die jetzt schon ihren Gefühlen Ausdruck verleihen mögen: Jetzt ist die Gelegenheit, eure Tempotaschentücher `rauszuholen –, ich habe für heute den Wochenspruch für diese Woche ausgewählt. Er steht im zweiten Brief des Paulus an die Korinther und lautet:

„... wir müssen alle offenbar werden vor dem Richterstuhl Christi..." (2. Kor 5, 10)

Liebe Hausgemeinde!
Nachdem nun zwei Kollegen vor mir – habe ich jemanden vergessen? – unser bevorstehendes Examen in ihren Andachten thematisiert haben, habe ich mir gedacht: So lasst mich sein – gewährt mir die Bitte – in eurer Mitte der Dritte. „...wir müssen alle offenbar werden vor dem Richterstuhl..." (2. Kor 5, 10) – da stock' ich schon. Richterstuhl – da klingelt's doch! Das Damokles-Schwert, es baumelt bedächtig. Der Gang nach Canossa, er steht uns noch bevor, der Gang zum Richterstuhl nach Karlsruhe, übrigens: Ab heute sind es noch 52 Tage!, und wenig später dann sehen wir uns wieder vor Gericht, vor dem Oberkirchengericht. Nein, nicht, vor dem Richterstuhl Christi sehen wir uns wieder, vielleicht vor dem

---

[30] Predigt zu 2. Kor 5, 10, gehalten im Rahmen einer Mittagsandacht im Predigerseminar `Petersstift´ in Heidelberg am 18. November 1994, 12.00-12.15 Uhr.

Richterstuhl von Herrn Prof. Dr. W. oder dem Stuhl von Herrn Oberkirchenrat O. oder vor dem Stuhl vor Herrn Prof. Dr. M. Dann kommt die Stunde der Offenbarung, für jede einzelne und jeden einzelnen von uns: „Nun, sag, wie hast Du's mit der Religion?"[31] „Was steht in CA 7"[32]? „Bitte, Barmen 3"![33] Antwort: „Die christliche Kirche ist die Gemeinde von Brüdern, in der Jesus Christus durch den Heiligen Geist als der Herr gegenwärtig handelt. Sie hat mit ihrem Glauben wie mit ihrer Ordnung, mit ihrem…"[34] „Danke, weiter." „Wie heißt das 8. Gebot?" „Du sollst nicht falsch Zeugnis reden wider deinen Nächsten. „Was ist das?" „Wir sollen Gott fürchten und lieben…"[35] „Gut, setzen! Sie sind übernommen."

Aber, liebe Schwestern und Brüder, verehrte Kolleginnen und Kollegen, der Offenbarungseid vor dem Stuhl des Herrn, der steht uns – so Gott will – auch nach dem Examen noch immer bevor. „...wir müssen alle offenbar werden vor dem Richterstuhl Christi..." (2. Kor 5, 10) Geht es euch auch so? Denk´ ich an diesen Richterstuhl Christi, an dieses letzte Gericht – Christus den Richter, sitzend zur Rechten Gottes, des allmächtigen Vaters, von dort wird er kommen zu richten die Lebenden und die Toten – denk ich an diesen Christus, den Richter, dann muss ich auch immer an diese Aschenputtel-

---

[31] Johann Wolfgang von Goethe, Faust I, München 1972, 2. Auflage 1975 (Sonderausgabe nach Goethe, HA III, 9. Auflage München 1972, v3415, 109.

[32] Gemeint ist das Augsburger Bekenntnis, die Confessio Augustana (CA) von 1530. Der erste Teil ist heute leicht zugänglich im Evangelischen Gesangbuch (EG), Ausgabe für die Evangelische Landeskirche in Baden, Karlsruhe 1995, 885.

[33] Die `Theologische Erklärung der Bekenntnissynode von Barmen´ vom 29. bis 31. Mai 1934 ist ebenfalls abgedruckt im Evangelischen Gesangbuch (EG), Ausgabe für die Evangelische Landeskirche in Baden, Karlsruhe 1995, 888.

[34] EG 888.

[35] Der Kleine Katechismus Dr. Martin Luthers, zit. nach EG, a. a. O., 883.

Trennung denken, ihr wisst schon, diese Geschichte mit den Guten ins Kröpfchen, die Schlechten ins Töpfchen. Nein, umgekehrt natürlich, aufgepasst: Die Guten ins Töpfchen, die Schlechten ins Kröpfchen. „Ruckedigu, Blut ist im Schuh", würde Lothar Steiger[36] an dieser Stelle ästhetisierend ergänzen. Christus, der Pantokrator, wie auf diesen orthodoxen Ikonen – fast bin ich geneigt zu sagen: diesen heiligen Ikonen –, auf denen ist zu sehen, wie Christus am Ende aller Tage Gericht hält. Daran muss ich denken. Wenn er Gericht hält, auf diesen Ikonen. Dann nämlich wird die Spreu vom Weizen getrennt, dann fallen die Späne, dann wird aus so manchem Heiligen Stuhl ein Feuerstuhl. Kommen dann die einen ins Töpfchen, die anderen ins Kröpfchen? Sprich: die Guten in den Himmel, die Bösen in die Hölle? Ins ewige Fegefeuer? Sollte es uns allen dann so gehen wie dem großen Theologen Karl Barth, der im Schlimmsten seiner Träume von der Hölle und vom Purgatorium geträumt hat? Einmal nämlich, da hat der gute Karl Barth im Schlaf einen Alptraum gehabt, einen Horrortrip gewissermaßen, und den beschreibt Eberhard Busch, Barths Biograf, so: „Eines Morgens traf ich Karl Barth niedergeschlagen an. `Aber was ist Ihnen denn zugestoßen?´ fragte ich. Barth sagte: Denken Sie, ich hatte heute Nacht einen argen Traum. Mir träumte, dass mich eine Stimme ansprach: `Willst du einmal die Hölle sehen?´ und ich antwortete noch wohlgelaunt: `Doch, das möchte ich gern

---

[36] Prof. Dr. L. Steiger (geb. 1935), bis 2000 Professor für Dogmatik, Homiletik und Seelsorge, war in Heidelberg bekannt für seine kreativen, poetisch-assoziativen und sprachlich originellen Predigten.

einmal sehen; das hat mich schon lang interessiert.´ Da öffnete sich vor mir ein Fenster, und ich sah hinaus in eine endlose Wüste, deren Anblick Mark und Bein erschütterte; und mittendrin saß steineinsam ein einziger Mensch. Da schloss sich das Fenster, und die Stimme sprach: `Und das droht dir!´" Und dann wachte Barth auf und stand im Bett![37]
Droht uns das? Droht uns das, nachdem wir alle vor dem Richterstuhl Christi offenbar geworden sind? Also, ich halte es da mit Karl Barth, dem die Gnade Gottes alles ist, also: Nix da mit breiten Pfad und mit dem schmalen Pfad und wo die Grenze ist, das wissen wir genau! Nix da mit den Guten dorthin und den Schlechten dorthin. Sondern am Schluss wird die ganze Schöpfung versöhnt sein, dass Gott werde alles in allem. Auch die Hölle ist keine selbständige Wirklichkeit, sondern in ihrer ganzen schrecklichen Realität umschlossen vom Reich des lieben Sohnes Gottes, unseres Herrn Jesus Christus. Barth war sich dessen so sicher, dass die Hölle nicht triumphiert über uns – er nennt es das Nichtige, die Beziehungslosigkeit –, dass er ab 1950 den Begriff nicht mehr in seinen Büchern vorkommen lässt.
Die Allversöhnung aber hat Karl Barth abgelehnt, weil nach ihr jede und jeder automatisch gerettet werde. So einfach, Freunde, wird's uns dann doch nicht gemacht!. Denn der auf dem Richterstuhl sitzt, ist ein gerechter Richter, ist der gerichtete Richter. Wenn Gott uns richtet, dann werden wir endlich zu dem, was wir eigentlich sind. Dann wird er uns zurechtbringen. Dann werden wir Rechenschaft ablegen und er wird

---

[37] Wolfgang Schildmann, Was sind das für Zeichen? Karl Barths Träume im Kontext von Leben und Lehre, München 1991, 168.

uns verwandeln. Unsere gebrochene Existenz wird unter Christi Augen klar, unter den Augen des Allversöhners Christi wird sie heil, ganz. Dann, wenn wir so gerichtet sind, dann wird offenbar, wer wir sein werden – wirkliche Töchter und Söhne Gottes. Jesus Christus, der richtende Allversöhner, der ist unser einzig Trost im Leben und im Sterben. „...wir müssen alle offenbar werden vor dem Richterstuhl Christi...“ (2. Kor 5, 10)

So mögen wir bedenken, dass wir sterben müssen und klug werden und einst vor den Richterstuhl Christi treten – da wird das Examen plötzlich ganz klein und unbedeutend. So mögen wir bedenken, das Wesentliche im Leben zu erkennen, Gottes Wort zu hören, ganz Ohr zu sein, unser Leben danach auszurichten, nach Jesus Christus, dem einen Wort Gottes, „wie er uns in der Heiligen Schrift bezeugt wird“[38]. Mögen wir bedenken, dass wir hier, einst vermutlich, irgendwann einmal, später, dass wir Pfarrerinnen und Pfarrer dann Rechenschaft ablegen müssen vor dem Ewigen, wenn wir am jüngsten Tag einmal gefragt werden: „Warum hast du immer den Reli-Unterricht so schlecht vorbereitet?“ „Warum hast du deine Predigt immer am Samstagabend auf den letzten Drücker geschrieben?“ „Warum hast du deine Bequemlichkeit gepflegt und keine Hausbesuche gemacht?“ Mögen wir auch lernen, mit unserer freien Zeit frei umzugehen, nicht alles an uns zu reißen und auch mal loszulassen und mit unserer

---

[38] So steht es geschrieben in der ersten These der `Barmer Theologischen Erklärung´ von 1934, in: EG, a. a. O., 888.

Macht – wir haben ja welche laut Manfred Josuttis[39] – mit unserer Macht auch gerecht umzugehen, verantwortlich meine ich, und falls die eine oder der andere später einmal einen Anruf aus dem Gelben Haus in Heidelberg[40] bekommen wird und die vertraute Stimme von Herrn Dr. B. am andern Ende fragt: „Wir brauchen Sie mit Ihrer Erfahrung als pädagogische Mentorin in der Schule, Sie haben doch das Schulvikariat gemacht damals" oder: „Sie als hochkirchlicher Sympathisant, mit Ihrer Erfahrung in Liturgik, wollen Sie nicht Lehrpfarrer werden?"

Dann, liebe Schwestern und Brüder, wenn Ihr euch Vorgesetzte nennen dürft, bedenkt: Seid so gerecht zu euren Lehrvikarinnen und Lehrvikaren, wie ihr selbst Gerechtigkeit empfangen habt. Und richtet nicht, auf dass ihr nicht gerichtet werdet. Denn das Richten bleibt einem anderen vorbehalten.

Mögen wir den Blick nicht verlieren dafür, dass es auch für einen jeden von uns einmal heißen wird: *„...wir müssen alle offenbar werden vor dem Richterstuhl Christi..."* (2. Kor 5, 10)

Amen.

---

[39] Hier wird implizit Bezug genommen auf Manfred Josuttis, Der Pfarrer ist anders. Aspekte einer zeitgenössischen Pastoraltheologie, München 1982. Manfred Josuttis (1936-2018), bis 2001 Professor für Praktische Theologie in Göttingen.

[40] Gemeint ist wegen ihres gelben Anstrichs die damalige Ausbildungsstätte der Evangelischen Landeskirche in Baden für Kandidatinnen und Kandidaten nach dem Ersten Kirchlichen Examen zur Vorbereitung auf den kirchlichen Dienst, das Predigerseminar `Peterstift´, Neuenheimer Landstr. 2, 69120 Heidelberg.

16. „Stärket die müden Hände..." (Jes 35, 3-10)
In der Sahara[41]

Gnade sei mit euch und Friede von Gott, unserm Vater und dem Herrn Jesus Christus. Das biblische Wort für die heutige Predigt steht beim Propheten Jesaja im 35. Kapitel, Verse 3-10:

„Stärket die müden Hände und macht fest die wankenden Knie! Saget den verzagten Herzen: `Seid getrost, fürchtet euch nicht! Seht, da ist euer Gott! Er kommt zur Rache; Gott, der da vergilt, kommt und wird euch helfen.´ Dann werden die Augen der Blinden aufgetan und die Ohren der Tauben geöffnet werden. Dann werden die Lahmen springen wie ein Hirsch, und die Zunge der Stummen wird frohlocken. Denn es werden Wasser in der Wüste hervorbrechen und Ströme im dürren Lande. Und wo es zuvor trocken gewesen ist, sollen Teiche stehen, und wo es dürre gewesen ist, sollen Brunnquellen sein. Wo zuvor die Schakale gelegen haben, soll Gras und Rohr und Schilf stehen. Und es wird dort eine Bahn sein, die der heilige Weg heißen wird. Kein Unreiner darf ihn betreten; nur sie werden auf ihm gehen; auch die Toren dürfen nicht darauf umherirren. Es wird da kein Löwe sein und kein reißendes Tier darauf gehen; sie sind dort nicht zu finden, sondern die Erlösten werden dort gehen. Die Erlösten des HERRN werden wiederkommen und nach Zion kommen mit Jauchzen; ewige Freude wird über ihrem Haupte sein; Freude und Wonne werden sie ergreifen, und Schmerz und Seufzen wird entfliehen." (Jes 35, 3-10)

---

[41] Predigt über Jesaja 35, 3-10, gehalten im Gottesdienst am 27. November 1994 (1. Advent) in Vockenrot um 9.00 Uhr und in Sachsenhausen um 10.00 Uhr sowie im Gottesdienst am 4. Dezember 1994 (2. Advent) um 10.15 Uhr in Wertheim-Wartberg.

Liebe Gemeinde!

Es ist vor ein paar Jahren gewesen: Vor ein paar Jahren bin ich in die Wüste Sahara gefahren. Mit drei Freunden zusammen habe ich mir einen alten gebrauchten VW-Bus gekauft und bin in die Wüste gefahren, nach Nordafrika, so richtig hinein in den Wüstensand der Sahara. Zunächst sind wir nach Marokko gefahren. Wir haben dann einen kleinen Schlenker gemacht und sind nach Algerien abgebogen hinein in die Wüste Sahara, bis dorthin, wo man nur noch mit besonderen Autos weiterkommt, mit Geländewagen und Allradantrieb. Wir sind gut ausgerüstet gewesen in unserem beigen Bus, haben Ersatzreifen dabei gehabt, genügend zu essen und zu trinken, denn wir hatten vor, zwei Wochen lang in der Wüste zu bleiben. Dort in der Sahara ist alles sehr karg gewesen und weit und breit hat man keine Menschenseele mehr gesehen – nur noch Sand, diesen rötlichen feinkörnigen Wüstensand. Riesige Dünen hat es da gegeben, oft meterhoch. Und eine enorme Ruhe hat dort geherrscht. Es ist still gewesen. Und ein Wind hat leise gepfiffen und es ist unheimlich heiß gewesen. Und weit und breit ist nur Sand zu sehen gewesen, gelblich-roter, so rötlicher Sand. Ja, und da sind wir ganz froh gewesen, dass wir eine Landkarte dabei gehabt haben und genügend Wasser, dass wir nicht vom Weg abkommen und wieder `rausfinden konnten, rechtzeitig. Und dann haben wir auch eine Fata Morgana gesehen, so eine Luftspiegelung. Es sind so ungefähr 40 Grad im Schatten gewesen und bei dieser Hitze flimmert die Luft und erzeugt diese Spiegelungen in der Luft und das Gehirn gaukelt einem was vor, dass dort hinten eine Oase ist. Das glaubt man dann

und dann ist dort aber in Wirklichkeit nichts, ist dort doch nur
Sand weit und breit.

Bis wir dann plötzlich zu so einer Oase gekommen sind. Es
gibt sie nämlich wirklich, diese Oasen. Man muss nur lange
genug fahren, um zu so einer Oase zu kommen. Und dann
sieht man sie schon von weitem, erste Häuser, und dann wird
es ein bisschen belebter und man sieht erste Menschen und
man riecht etwas, frischgebackenes Brot etwa, das ist in dieser Gegend eine Seltenheit. Die Leute dort sind sehr arm und
ja, tatsächlich, hier in dieser Ödnis leben Menschen, hier unter den ärmlichsten Bedingungen, wo es vielfach nur noch
trocken Brot gibt. Nur hier in diesen Oasen kann man leben,
sonst in der Wüste nirgendwo, nur in diesen Oasen, diesen
Orten, in denen es Wasser gibt: Und diese Orte tragen so
exotische Namen wie Timmimoun oder Tamanrasset. Dort
gibt es für die Menschen wenigstens Brot zu essen und ein
Dach über dem Kopf. Aber vor allem, bei dieser Hitze: Dort
gibt es Wasser, genügend Wasser. „Denn es werden Wasser
in der Wüste hervorbrechen und Ströme im dürren Lande.
Und wo es zuvor trocken gewesen ist, sollen Teiche stehen,
und wo es dürre gewesen ist, sollen Brunnquellen sein" (Jes
35, 6a+7a), heißt es in unserem biblischen Wort beim Propheten Jesaja.

Ich musste an dieses biblische Wort denken. Was es bedeutet, täglich genügend Wasser zu haben, das habe ich hier
gelernt. Jeder Tropfen ist kostbar. Rings um einen herum ist
es heiß und man schwitzt wie bei uns im vergangenen Sommer. Man schwitzt wie verrückt und der Durst plagt einen und
man denkt: Hätte ich nur einen Tropfen Wasser zu trinken

oder könnte mich kalt abduschen. Und da kommt dieses Wort des Propheten Jesaja, dieses große Versprechen an den, der in dieser öden Wüste vor sich hin vegetiert: „Denn es werden Wasser in der Wüste hervorbrechen und Ströme im dürren Lande. Und wo es zuvor trocken gewesen ist, sollen Teiche stehen, und wo es dürre gewesen ist, sollen Brunnquellen sein." (Jes 35, 6a+7a)

Jesaja entwirft hier eine große Vision, eine Utopie, einen Traum, eine Hoffnung. Jesaja sieht etwas im Geiste vor sich, so wie wir uns jetzt gerade die Wüste vor unserem geistigen Auge vorgestellt haben. Nicht nur Wasser wird es in der Wüste geben, weiß Jesaja, der Prophet, zu berichten, nicht nur Teiche und Brunnen. Sondern dann, zu einem bestimmten Zeitpunkt, wenn Gott es will, da werden auch „die Augen der Blinden aufgetan und die Ohren der Tauben geöffnet werden. Dann werden die Lahmen springen wie ein Hirsch, und die Zunge der Stummen wird frohlocken." (Jes 35, 5+6)

Dann, wenn Gott will, wenn Gott hilft, dann wird etwas ganz Wunderbares geschehen, dann wird etwas Großartiges passieren, dann werden die, die nicht mehr gehen können, plötzlich laufen und die, die nicht mehr sprechen können, die werden anfangen zu reden. Wenn Gott will. Jesaja gebraucht diese starken Worte, um uns zu beschreiben und uns vor Augen zu halten, wie es sein wird, wenn Gott aktiv wird. Nicht genug: die Blinden können plötzlich wieder sehen und die, die taub sind, wieder hören.

Wer jetzt denkt: Ach was, wo gibt es denn so was?! Den will ich daran erinnern: Hätten Sie vor fünf Jahren gedacht, dass

die Mauer fällt? Hätten Sie gedacht, dass Deutschland verei-
nigt werden würde? Sie haben es vermutlich nicht gedacht
vor fünf Jahren, niemand hat sich so etwas vorstellen können
und ich auch nicht! Aber es ist möglich geworden! Hören Sie
also genau hin: Unvorhergesehene Ereignisse gibt es – das,
womit niemand rechnet, das gibt es – davon bin ich fest über-
zeugt. Sage niemals nie, heißt ein altes Sprichwort, sage niemals nie. Und da ist etwas Wahres dran. Und das weiß auch
Jesaja. Etwas Unvorhergesehenes kann immer passieren,
etwas, das man nicht eingeplant hat. Und das sieht Jesaja,
der Prophet, vor seinem geistigen Auge. Wenn Gott da ist,
auf den wir alle warten, dann wird alles besser werden, dann
wird es uns besser gehen, dann werden sogar dort, wo einst
die Schakale lagen, diese reißenden Wölfe, dann werden sogar dort Rohr und Gras und Schilf liegen und Friede wird herrschen. Und Jesaja sieht noch mehr: „Und es wird dort eine
Bahn sein, die der heilige Weg heißen wird. Kein Unreiner
darf ihn betreten; nur sie werden auf ihm gehen; auch die
Toren dürfen nicht darauf umherirren. Es wird da kein Löwe
sein und kein reißendes Tier darauf gehen; sie sind dort nicht
zu finden, sondern die Erlösten werden dort gehen..." (Jes
35, 8) Stellen wir uns also vor: Einen langen Weg, er heißt
der heilige Weg. Auf diesem Weg gehen die, die erlöst worden sind, die, die reinen Herzens sind, die Friedfertigen, die
Seligen, die, denen das Himmelreich gehört, die, die keiner
Fliege etwas zuleide tun können und keinem Menschen je ein
Haar gekrümmt haben. Die Gerechten, die Erlösten, die, de-
ner sich Gott angenommen hat. Sie gehen dort auf diesem
Weg. Keine Gefahren gibt es dort, kein wildes Tier ist dort,

vor dem man Angst haben muss, sondern dieser Weg ist der Weg zum Frieden, zur Freiheit, zur Gerechtigkeit des Herrn. Und auf diesem Weg, so Jesaja, gehen die Erlösten des Herrn und freuen sich und singen und sind guter Laune. So spricht Jesaja: „Die Erlösten des HERRN werden wiederkommen und nach Zion kommen mit Jauchzen; ewige Freude wird über ihrem Haupte sein; Freude und Wonne werden sie ergreifen, und Schmerz und Seufzen wird entfliehen." (Jesaja 35, 10)

Diese Worte des Propheten Jesaja, das sind für mich ganz starke Sätze aus der Bibel. Freude wird sein und Wonne und kein Schmerz mehr und kein Seufzen, keine Schmerzen mehr, kein Seufzen, keine Klage. Nur noch Freude und Wonne wird sein! Das wird sein, wenn der Herr kommt, wenn der Herr Jesus Christus kommt. Auf ihn warten wir in dieser Adventszeit. Freude wird sein und Wonne und kein Schmerz mehr, wenn Jesus Christus wiederkommt. Die Erlösten des Herrn werden wiederkommen und Freude und Wonne werden sie ergreifen und Schmerz und Seufzen werden entfliehen. Und wenn die Erlösten des Herrn kommen, dann wird es auch für uns keine Schmerzen mehr geben und dann wird auch unser Seufzen aufhören. Denn mit der Ankunft unseres Herrn Jesus Christus wird die Schöpfung versöhnt sein und das Elend wird ein Ende haben und die Schmerzen werden aufhören und Freude wird sein, ja, wir dürfen uns freuen. Das ist die große Hoffnung, die uns durch den Propheten Jesaja verheißen wird, das ist die freudige Nachricht, die uns Jesaja bringt. Und deshalb warten wir getrost und voller Freude auf die Wiederkehr Jesu Christi, auf dass er kommt. Deshalb warten wir in dieser Adventszeit getrost auf unseren Herrn, auf dass er kommt. Deshalb warten wir getrost auf unsern Herrn Jesus Christus. Amen.

17. „Die Zeit ist kurz..." (1. Kor 7, 29-31)
Fußmatten[42]

Gnade sei mit euch und Friede von Gott unserm Vater und dem Herrn Jesus Christus. Das biblische Wort für die Predigt heute steht im 1. Brief des Paulus an die Korinther, Kapitel 7, Verse 29-31:

„Das sage ich aber, liebe Brüder: Die Zeit ist kurz. Fortan sollen auch die, die Frauen haben, sein, als hätten sie keine; und die weinen, als weinten sie nicht; und die sich freuen, als freuten sie sich nicht; und die kaufen, als behielten sie es nicht; und die diese Welt gebrauchen, als brauchten sie sie nicht. Denn das Wesen dieser Welt vergeht." (1. Kor 7, 29-31)

Liebe Gemeinde!
Stellen wir uns einmal vor: Der Apostel Paulus schreibt diesen Brief heute an uns hier, die wir hier versammelt sind, hier in Sachsenhausen. Stellen wir uns vor, Paulus schreibt diesen Brief nicht an die Gemeinde in Korinth, sondern an uns. Dann würde Paulus das vermutlich etwas anders formulieren,

---

[42] Predigt über 1. Kor 7, 29-31, gehalten im Gottesdienst am 22. Januar 1995 (3. Sonntag nach Epiphanias) in Vockenrot um 9.00 Uhr und in Sachsenhausen um 10.00 Uhr.

diese Sache mit dem „haben, als hätte man es nicht". Nun, ich denke, zunächst einmal würde er sicherlich nicht nur an die „lieben Brüder" schreiben. Auch damals – in Korinth – hat es schließlich Frauen in der Gemeinde gegeben und deshalb sind die Schwestern auch mit angesprochen gewesen. Aber es ist damals nicht üblich gewesen, sie in der Anrede mit auftauchen zu lassen. Also würde Paulus – schriebe er den Brief heute an uns hier – seinen Brief vermutlich so beginnen: „Liebe Schwestern und Brüder", und dann würde er weiter schreiben: „Liebe Schwestern und Brüder, die Zeit ist kurz. Ihr wisst nicht, wann Gottes Reich anbricht, das kann schon übermorgen sein. Ihr wisst nicht, wann eure Lebenszeit abgelaufen ist. Das kann schon morgen sein. Die Zeit ist kurz. Eure Zeit ist kurz. Deshalb, liebe Schwestern und Brüder" – so würde Paulus heute vielleicht an uns weiter schreiben –, „sollen die, die eine Familie haben, leben, als hätten sie keine. Diejenigen, die weinen, sollen weinen, als weinten sie nicht. Diejenigen, die sich freuen, als freuten sie sich nicht, diejenigen, die sich ein Haus gebaut haben, als hätten sie keins, diejenigen, die sich etwas zusammengespart haben, sollen so leben, als gäbe es den Bankomaten um die Ecke nicht mit dieser Geheimnummer, und diejenigen, die Spaß daran haben, einzukaufen, sollen so leben, als könnten sie auch ohne das sein." „Denn", so würde Paulus enden: „… das Wesen dieser Welt vergeht." (1. Kor 7, 31)

Ein besonderer Lebensstil also ist das, zu dem Paulus hier rät – damals der Gemeinde zu Korinth und heute uns, den heutigen Hörerinnen und Hörern seines biblischen Wortes. Die Zeit ist kurz, das Wesen dieser Welt vergeht. Davon geht

Paulus aus. Die Zeit ist kurz, das Wesen dieser Welt vergeht. Kennen Sie Heinz Rühmann? Ich glaube, die meisten von uns kennen ihn. Die Umfragen sagen, er ist der bekannteste Schauspieler gewesen in Deutschland. Seine Filme laufen immer wieder im Fernsehen. Was haben Heinz Rühmann und Paulus gemeinsam? Sie mögen denken: „Das ist vielleicht eine Frage! Ein ungewöhnlicher Vergleich ist das – Paulus und Heinz Rühmann!" Ich will diesen Vergleich wagen. Was haben sie gemeinsam – Paulus und Heinz Rühmann? Es geht natürlich – wie könnte es anders sein – um eine Rolle von Heinz Rühmann, eine Szene in einem Film. Diese Szene ist mir in Erinnerung geblieben, als man vor einiger Zeit anlässlich seines Todes viele Nachrufe und Filmausschnitte im Fernsehen gebracht hat. Da tauchte plötzlich diese eine Szene wieder auf! Da habe ich sie wieder gesehen, diese Szene aus `Der Hauptmann von Köpenick´: Heinz Rühmann spielt eine seiner Glanzrollen. Ein älterer, kleiner Mann. Er ist frustriert und packt so richtig aus über sein Leben, der kommt so richtig in Fahrt, in Rage über sich selbst und die Welt, und der sagt: „Und dann, und dann, wenn´s zu Ende geht mit mir, und mein Leben vorbei ist und ich gestorben bin, dann stehe ich dann vor dem Herrgott im Himmel und der fragt mich dann: `Nu, was haste gemacht mit deinem Leben, mit deinem kostbaren Leben, das ich dir geschenkt habe? Was haste gemacht mit deinem Leben´ – dann muss ich sagen: `Fußmatten habe ich gemacht, Fußmatten. Mein Leben lang. Und das, das soll´s das nun gewesen sein?´"[43]

---

[43] Vgl. die drei Interpretationen der berühmten Stelle über die Fußmatten bei YouTube: https://www.youtube.com/watch?v=8qsTnNa8WRA (zuletzt aufgerufen am 1.5.2024).

Paulus und Heinz Rühmann – das haben sie gemeinsam! Genau das: Das ganze Leben lang Fußmatten herzustellen – das kann´s ja wohl nicht gewesen sein. Da sind sich Heinz Rühmann und Paulus einig. Das ganze Leben zu ackern, sich zu plagen und vor sich hin zu wurschteln – das ist es nicht. Das Leben, so lernen wir, besteht nicht daraus, sich vom Alltag gefangen nehmen zu lassen, vom Haus, vom Kontostand, von Terminen, auch nicht von der Familie, die kann einen ja auch ganz schön in Trab halten und gefangen nehmen. Das Leben besteht nicht daraus, sich vom Alltag gefangen nehmen zu lassen. Das darf nicht bestimmend werden in unserem Leben.

Es ist doch komisch: Man könnte ja meinen, dass es einen freier machen würde, wenn man abgesichert ist, wenn man genug hat zum Leben. Dann wäre man sicher. Und doch ist ein Hit in Deutschland vor kurzer Zeit ganz groß `rausgekommen, und war überall zu hören: „Freiheit, Freiheit, ist die Einzige, die fehlt" – so heißt das bekannte Lied von Marius Müller-Westernhagen.[44] Aber irgendwie ist das doch merkwürdig, nicht wahr? Freiheit sei die Einzige, die fehlt... Haben wir etwa alles? Nur die Freiheit, die fehlt? Die Freiheit ist uns irgendwie abhanden gekommen? Bleiben wir, wenn´s drauf ankommt, doch lieber an unseren Sorgen kleben in unserem Alltag und gehen lieber auf Sicherheit anstatt auf Freiheit?

Der Apostel Paulus empfiehlt uns bei unserer Suche nach Freiheit so etwas wie eine Umzugserfahrung. Erinnern Sie sich an einen Umzug? An ihren, an den ihrer Kinder, an den

---

44 Vgl. auf YouTube: https://www.youtube.com/watch?v=Jfr9vYS_Aww (zuletzt aufgerufen am 1.5.2024).

Umzug von den Nachbarn? An einen Umzug im eigenen Haus, von unten nach oben, von oben nach unten? Als ich umgezogen bin letztes Mal, da habe ich erst einmal gemerkt, wie viel sich eigentlich angesammelt hatte in der Zwischenzeit. Man räumt alles zusammen, die Kisten werden mehr und mehr, alles türmt sich und dann kommt so ein Punkt, da kann man sich auf einmal plötzlich viel leichter von etwas trennen, was man über die Jahre gehabt hat. Da fliegt dann vieles weg und man befreit sich von dem, was man eigentlich, eigentlich, doch nicht braucht. So ein Umzug, der hat auch etwas Befreiendes an sich. So ein Umzug, der lässt einen Abstand gewinnen, Abstand gewinnen von dem, was man hat. Und das meint Paulus, wenn er seiner Gemeinde in Korinth schreibt und wenn er an uns schreibt als heutige Hörerinnen und Hörer seines Briefes: Habt Besitz, als hättet ihr ihn nicht. Gebraucht die Welt, als bräuchtet ihr sie nicht. Gewinnt Abstand und werdet frei. Die Zeit ist kurz. „Denn das Wesen dieser Welt vergeht." (1. Kor 7, 31) Ihr braucht euer Herz nicht an euern Besitz zu hängen. Euer Leben ist zu kostbar, als dass ihr euch von euren Sorgen bestimmen lassen sollt. Euer Leben, das ist viel zu kostbar. Gewinnt Abstand, sonst geht es euch so wie Heinz Rühmann mit den Fußmatten. Gewinnt Abstand! Abstand von dem, um das die Gedanken und Sorgen schier unablässig kreisen, das lässt frei werden. Und wenn man frei ist, dann öffnet diese Freiheit den Blick für den anderen, für den Mitmenschen, für den Nächsten, wie die Bibel sagt. Freiheit öffnet die Hand für die anderen. Zur Freiheit hat uns schließlich Christus befreit. Zur Frei-

heit hat uns Christus befreit. Christus befreit uns, Christus befreit uns aus unserem Kreisen um uns selbst. Christus schenkt uns die Freiheit, die uns löst von unserem Festhalten und Klammern an Dinge, Dinge, die uns letztlich doch nichts bedeuten. Christus schenkt uns die Freiheit, noch einmal etwas Neues anzufangen, jeden Tag, sich von Altem zu lösen, sich von Gewohntem zu trennen, neue Wege zu gehen. Unser Leben, das ist viel zu kostbar, als dass wir uns an doch unwichtige Dinge hängen. Die Zeit ist kurz. „Denn das Wesen dieser Welt vergeht." (1. Kor 7, 31)
Und das, das gilt für jede und jeden für uns hier und heute – die Zeit und das Wesen dieser Welt, sie vergehen. Aber dein Leben, dein Leben – das bleibt, unendlich wertvoll! Amen.

18. „Die Zeit ist erfüllt..." (Mk 1, 14+15)
Vom Reich Gottes[45]

Gnade sei mit euch und Friede von Gott unserm Vater und dem Herrn Jesus Christus. Das biblische Wort für die Predigt heute steht beim Evangelisten Markus im 1. Kapitel, Verse 14-15:

„Nachdem aber Johannes gefangengesetzt war, kam Jesus nach Galiläa und predigte das Evangelium Gottes und sprach: Die Zeit ist erfüllt, und das Reich Gottes ist herbeigekommen. Tut Buße und glaubt an das Evangelium!" (Mk 1, 14-15)

Liebe Gemeinde!
„Die Zeit ist erfüllt und das Reich Gottes ist herbeigekommen. Tut Buße und glaubt an das Evangelium!" Das sind die Worte Jesu, wir haben sie gerade gehört. Das sind die Worte, die Jesus sagt, als er das erste Mal öffentlich auftritt, als Jesus sich das erste Mal zu Wort meldet, als Jesus das erste Mal auf der Bildfläche erscheint. Damals vor fast zweitausend Jahren hat Jesus die frohe Botschaft vom Reich Gottes verkündet. Und noch heute, liebe Gemeinde, noch heute kann man in allen Teilen der Erde diese frohe Botschaft Jesu Christi hören. Überall auf der Welt hören die Leute noch heute die Botschaft vom Reich Gottes, kehren um und glauben an das Evangelium. „Die Zeit ist erfüllt, und das Reich Gottes ist herbeigekommen." (Mk 1, 15)

---

[45] Predigt über Mk 1, 14-15, gehalten im Gottesdienst am 19. Februar 1995 (Sexagesimae) in Vockenrot um 9.00 Uhr und in Sachsenhausen um 10.00 Uhr.

Liebe Gemeinde, Gottes Reich – das ist das, was schon jetzt anbricht, Gottes Reich ist das, was wir ein Stückweit schon hier und jetzt erfahren. Gottes Reich, das erfahren wir schon jetzt. Ich will Ihnen eine Begebenheit erzählen, von der ich glaube, dass ich dieses Reich Gottes dort schon einmal erfahren habe.

Johannesburg, Südafrika. Vor knapp fünf Jahren, 1990. Seit einem viertel Jahr halte ich mich in Johannesburg auf. Es ist Sonntagvormittag. Heute hat mich ein Freund, ein schwarzer Christ, eingeladen. Er heißt Norman, ein kleiner Mann Mitte dreißig, er ist lustig, lacht oft und hat meistens ein paar gute Geschichten auf Lager. Norman sagt zu mir: „Weißt du, Thomas, da wo wir jetzt hinfahren, dahin traut sich gewöhnlich kein Weißer." „Warum nicht, Norman?", frage ich zurück. „Zu gefährlich", antwortet er. „Aber mit mir, Thomas," lacht er, „mit mir kann dir nichts passieren. Ich beschütze dich." Und dann muss ich auch lachen, denn einen Beschützer stelle ich mir anders vor als diesen kleinen zierlichen Mann. Norman nimmt mich mit hinein nach Soweto. Soweto – diese Millionenstadt vor Johannesburg, im Zuge der Apartheid außerhalb der Stadt erbaut, groß und arm und unsicher, eine rein schwarze, eine rein afrikanische Stadt. Die Kriminalitätsrate ist in Soweto unheimlich hoch, Diebstahl und Mord sind an der Tagesordnung. Kein Wunder, dass sich hierher niemand traut, der weiß ist und wohlhabend und in einem der sichereren Stadtteile Johannesburgs wohnt. Staubige Straßen, spielende Kinder, rauchende Schornsteine, bunte Reklametafeln, klapprige Autos und alte Busse, voll bis auf den letzten Platz. Die Stadt pulsiert, es riecht nach Diesel, es tobt das

Chaos und herrscht das pralle Leben. Norman kennt sich aus in Soweto. Und auskennen muss er sich auch, denn die Straßen hier tragen keine Namen, sind nicht beschriftet. Norman orientiert sich wie alle hier an Gebäuden. „Ah, dort hinten müssen wir abbiegen, bei der Tankstelle dort", sagt er zu mir und schaltet einen Gang 'runter. „Dann ist es nicht mehr weit." Schon von ferne kann ich unser Ziel sehen. Der gewaltige Umriss einer Kirche erscheint, einer Kirche mit einem großen Kuppeldach. Viele Autos stehen davor, aber kaum jemand ist draußen zu sehen. Es ist eine große Kirche, in die wir jetzt hineingehen, eine Kirche inmitten der schwarzen Vorstadt Soweto an einem Sonntagmorgen im Jahr 1990. Dort feiern schwarze Christinnen und Christen Gottesdienst, dort mitten im pulsierenden, armen Soweto leben gläubige Christinnen und Christen. Sie feiern heute Morgen Gottesdienst und Norman und ich, wir wollen mitfeiern. Wir sind etwas spät dran, der Gottesdienst hat schon angefangen, aber das macht gar nichts. Gerammelt voll ist es, die Kirche platzt aus allen Nähten. Frauen, Männer, kleine Kinder, Jüngere und Ältere – alle sind hier versammelt, bunt gekleidet, in roten und grünen afrikanischen Gewändern. Alle haben sich fein gemacht und auch die Kinder sind, weil es Sonntag ist, fein herausgeputzt. Mehrstimmiger Gesang tönt uns entgegen und wir beide stimmen froh mit ein. Nach ein paar Minuten bereits habe ich fast vergessen, dass ich in einer der unruhigsten und gewalttätigsten Gegenden Südafrikas bin, lasse mich tragen von den Liedern und der Fröhlichkeit, die mich umgibt. Die Menschen um mich herum singen und lachen herzlich, sie sehen froh aus – froh, obwohl die meisten im

Alltag nichts zu lachen haben und hart arbeiten müssen, damit sie überleben können. Es herrscht eine Stimmung – offen, froh, herzlich. Der Gottesdienst geht wie gewohnt weiter, als auf einmal, vor dem Abendmahl, die Kollekte eingesammelt wird und dabei alle im Tanzschritt nach vorne gehen mit ihren Geldscheinen in der Hand, damit beschwingt wedelnd, und ihr Geld zum Altar bringen, es dort in eine Schale legen und dann im tanzenden Wiege-Schritt wieder in einer Schlange zu ihrem Platz zurückgehen. Dabei singen sie alle und lachen und es herrscht eine fast ausgelassene Stimmung, die sofort auf mich überspringt und auch ich gehe tanzend und singend im Wiege-Schritt nach vorne und lege mein Opfer, mein Geld, auf den Altar.

Ich will Sie jetzt nicht auffordern, singend und klatschend und im Wiege-Schritt tanzend hier nach vorne zu kommen und Ihr Geld auf den Altar zu legen! Ich habe Ihnen dieses Beispiel erzählt, um Ihnen zu zeigen: Diese afrikanischen Christinnen und Christen haben mir einen Hauch vom Reich Gottes vermittelt, sie haben mir gezeigt, wie es ist, wenn Jesus kommt und sagt: „Die Zeit ist erfüllt, und das Reich Gottes ist herbeigekommen." (Mk 1, 15) Diese südafrikanischen Christinnen und Christen haben mir gezeigt, wie wichtig es ist, auch in Zeiten der Not nicht den Mut zu verlieren – dann, wenn es einem ansonsten nicht so gut geht, wenn man wenig zu lachen hat. Und sie haben weiß Gott nichts zu lachen gehabt in Südafrika, in all den Jahren der staatlichen Unterdrückung durch das Apartheid-Regime. Und auch heute, nachdem die Apartheid gefallen ist, diese Trennung der Gesellschaft aufgrund der Hautfarbe, auch heute haben viele noch nichts zu lachen. Viele wissen nicht, wie man die nächste Miete bezahlen kann. Viele wissen nicht, wo man das Schulgeld für die Kinder herbekommen soll. Viele wissen nicht, wovon sie leben sollen, wenn sie krank werden. Viele wissen nicht, was sie machen sollen, wenn sie ihre Arbeit verlieren, wo sie dann genug zu essen herbekommen für ihre Kinder. Das belastet, das kann man sich vorstellen. Im Gottesdienst scheinen die Sorgen des Alltags jedoch klein zu werden.

Sorgen! Liebe Gemeinde! Fremd sind uns die Sorgen auch nicht! Auch wir wissen, wie das ist, Sorgen zu haben. Nicht so drastisch vielleicht und oft existentiell bedrohlich wie in Südafrika. Aber auch wir kennen dieses Gefühl, diesen Druck ums Herz, wenn einen die Sorgen quälen. Auch die meisten von uns wissen, wie das ist, wenn einen etwas belastet, wenn man niedergeschlagen ist. Zum Beispiel, wenn man in der Schule Stress gehabt hat mit den Lehrern, weil man seine Hausaufgaben vergessen oder eine Arbeit versiebt hat. Oder wenn es nicht so richtig läuft in der Firma, wie es eigentlich soll. Oder wenn es Konflikte gibt und Streit in der Familie. Oder wenn das Geld vorn und hinten nicht reicht und man einfach nicht `rum kommt im Monat. Oder es drücken einen die Sorgen, wenn jemand im Krankenhaus liegt und man nicht weiß, was wird. Oder wenn man sich Sorgen macht vor dem nächsten Arzt-Termin. Oder wenn man Angst hat, dass man den anderen zur Last fällt, weil man alt geworden ist und nicht mehr so kann wie früher. Tage, an denen einen die Sorgen drücken – es gibt solche Tage, und jeder von uns kennt sie.

„Die Zeit ist erfüllt, und das Reich Gottes ist herbeigekommen" (Mk 1, 15), sagt Jesus von Nazareth im Markusevangelium. Die südafrikanischen Christinnen und Christen haben mir gezeigt, was dieser Satz für das eigene Leben bedeuten kann. Wenn ich an einem Punkt angelangt bin, dass ich so richtig unten bin, dann denke ich an die Christinnen und Christen in Südafrika und an diesen Gottesdienst. Denn sie haben in Südafrika auch in schweren Zeiten die Hoffnung nicht verloren und die Perspektive behalten. Sie haben mich gelehrt, dass ich mich an Jesu Wort halten darf: „Die Zeit ist erfüllt, und das Reich Gottes ist herbeigekommen." (Mk 1, 15) Die Christinnen und Christen in Südafrika haben mich gelehrt, wie man entgegen allen widrigen Umständen das Reich Gottes hier und jetzt vor Augen haben kann. Wie man entgegen allen Sorgen das Reich Gottes hier vor Augen haben kann. Wie man Jesus Christus vor Augen haben kann. Mit Jesus Christus ist das Reich Gottes nahe herbeigekommen. Mit Jesus Christus, der einem jeden von uns sagt: `Habt keine Angst vor der Zukunft´. Mit Jesus Christus, der uns sagt: `Trösten will ich euch´. Mit Christus, der uns sagt: `Ich bin bei euch alle Tage´. Mit Jesus Christus ist das Reich Gottes herbeigekommen. Das dürfen wir glauben. Darauf dürfen wir vertrauen. Christus nimmt unsere Sorgen weg. Christus sagt: Deine Sorgen brauchen dich nicht niederzudrücken. Christus richtet uns auf. Er sagt: Ich bleibe bei dir, auch wenn alle anderen gehen. Ich bleibe da. Ich bin bei euch. Ich verlasse euch nicht. Und das befreit uns. Das macht uns frei. Zu wissen, dass Christus immer da ist für uns. Und dann können wir frei werden, umzudrehen, umzukehren von Wegen, die falsch sind – Wege, die wir besser nicht hätten gehen sollen. Dann werden wir frei, umzudrehen aus Sackgassen, dort umzudrehen, wo wir uns verrannt haben. Dann scheint das Reich Gottes auf. Dann kommt Jesus zu uns nach Sachsenhausen.

Und dann, wenn wir auf Jesu Wort hören, wenn wir Jesu Wort Glauben schenken, wenn wir an das Evangelium glauben, dann werden wir angesteckt von dieser freudigen und frohen Botschaft. Dann spüren wir es regelrecht: Jesus Christus sagt Ja zu uns! Wir spüren: Von seinem Ja zu uns leben wir, vom Ja, das Gott durch ihn zu uns spricht. Wir spüren dann, dass Gottes Reich in Jesus Christus herbeigekommen ist. Und wir spüren, dass uns etwas fortreißt aus unserem Alltag, dass uns etwas aus unseren Sitzen reißt, dass wir uns nicht mehr halten können, das uns hin zieht zu Jesus Christus. Das Reich Gottes ist nahe herbeigekommen. Gottes Herrschaft ist nahe, weil Jesus Christus es mit seinem Wort verkündet hat. Und Gottes Reich ist nahe, weil Jesus Christus Gottes Reich gelebt hat. „Die Zeit ist erfüllt, und das Reich Gottes ist herbeigekommen" (Mk 1, 15), sagt Jesus. Jesus vertröstet uns nicht auf ein Jenseits, sondern jetzt ist die Zeit. Wenn wir die frohe Botschaft hören, dann bekommen wir Kraft, dann kehren wir um von unseren Sorgen, dann kommt wieder der Glanz und das Leuchten in unsere Augen, dann dürfen wir wieder neu anfangen, dann schöpfen wir wieder neuen Mut. Dann wissen wir: Es gibt etwas, das uns aufrecht erhält. Dann wissen wir: Es ist noch nicht aller Tage Abend. Dann wissen wir: Es gibt etwas, das lässt uns wieder aufrecht gehen, lässt uns wieder Mut fassen. Und das nenne ich den

Glauben an das Evangelium, wenn man den Kopf nicht sinken lässt und sich das Herz nicht brechen lässt. Wir dürfen darauf vertrauen. Das Evangelium trägt uns. Es trägt. Es trägt, weil Christus gesagt hat: Glaubt an das Evangelium. Glaubt an die frohe Botschaft. Christus trägt. Christus trägt die südafrikanischen Christinnen und Christen in Soweto durchs Leben und Christus trägt auch uns, hier in Sachsenhausen durchs Leben.

Liebe Gemeinde! Dieser Glaube an die freudige Botschaft, dieser Glaube an Jesus Christus, dieser Glaube an das Reich Gottes, das mit Jesus in die Welt gekommen ist – das verbindet die Menschen in Soweto, von denen ich Ihnen heute erzählt habe, das verbindet sie mit Ihnen, mit mir, mit uns, mit der ganzen Christenheit: Das Reich Gottes ist in Jesus von Nazareth herbeigekommen. Wir Christinnen und Christen, wir glauben an einen Gott, der Mensch geworden ist in Jesus Christus. Wir Christinnen und Christen, wir glauben an die frohe Botschaft des Jesu von Nazareth, wir können deshalb immer wieder neu umkehren. Wir Christinnen und Christen, wir bekommen immer wieder aufs neue Kraft und Hoffnung geschenkt. In Soweto und in Sachsenhausen. Amen.

Über die Künstlerin

Angeordnet sind die ausgewählten Predigten in dieser Sammlung nach Datum. Das jeweilige biblische Wort, auf das sich eine Predigt bezieht, ist in der Überschrift und in den Fußnoten angegeben. Dort befinden sich ferner Angaben zum Namen des Sonntags sowie Ort und Zeit, wo und wann die Predigt gehalten wurde. Die abgedruckten biblischen Texte folgen der revidierten Luther-Übersetzung von 1984. Noch ein Wort zum Titelbild: Es handelt sich um eine Arbeit der Dogerner Künstlerin Ruth Rüttinger (geb. am 3.10.1947), einer sehr vielseitigen und kreativen Künstlerin, deren Werke regelmäßig in Ausstellungen zu sehen sind. Dieses Bild von ihr trägt den Titel `Menschen, aufgehängt´ (60 x 60 cm), entstand am 8. Juni 2005 in ihrem Atelier `Schwungrad´ in Waldshut-Tiengen und trägt die Nummer 4957. Es ist gefertigt aus Papier mit Epoxyd klar.

Ruth Rüttinger schrieb mir zu dieser Arbeit: „Lieber Thomas, ich hatte vor, eine Arbeit zu machen mit ganz vielen kleinen Menschen aus Kunstharz, die sich wie ein Ameisenhaufen auftürmen, wie so eine Art `Sandkasten´. Dann suchte ich überall nach `kleinen Menschen´ von denen ich eine Gussform machen kann. Schließlich fand ich so was im Spielwarenladen in Zürich, ich glaube beim Eisenbahnmodellbau. Es sind kleine Kunststoffmenschen, die man abbrechen und dann anmalen kann. Die Gussform herzustellen war äußerst schwierig, da die Luftblasen in der Form meist so groß waren, wie die Mini-Menschlein, entweder fehlte ein Arm, ein Fuß oder ein Kopf. Und plötzlich fand ich genau diese Vorlage so spannend, wie die Menschen da alle an einem `Draht oder Seil´ hingen (sie hingen so aneinander noch vom Guss her) und probierte am Fotokopierer aus, was da rauskommt. Das Spannende waren eben genau diese Verbindungsstücke... Irgendwie empfand ich so etwas, wie wir alle von Gott abhängen, wie wir dranhängen, wie wir an einem seiden Faden hängen, auch eine Art von Ohnmacht, eine Gemeinschaft, trotz allem auch eine Art Geborgenheit, von Aufgehobensein, Gottvertrauen, von Nicht-Verlorensein – auch wenn ich noch so `rumhampel, Gott trägt mich.... Ausgestellt habe ich diese Arbeit nie. Ich persönlich empfand sie als sehr gut und hab´ mich unheimlich gefreut, dass sie Euch gefallen hat."

Menschen mit dem befreienden Evangelium Jesu Christi in Verbindung zu bringen und in Verbindung zu halten ist meines Erachtens auch immer wieder die Aufgabe der Predigt. Daher dient Ruth Rüttingers Bild `Menschen aufgehängt´ als Titelbild dieses Bandes.

Es ist ein Geschenk der Künstlerin an den Verfasser und hängt im Original im Pfarrbüro der Evangelischen Kirchengemeinde Kadelburg.

Ruth Rüttinger, Menschen, aufgehängt, 2005

Über den Autor

Pfarrer Dr. Thomas O. H. Kaiser (geb. Müller) wurde am 18. März 1963 in Stadtoldendorf/Niedersachsen geboren und wuchs in Eschershausen im Weserbergland auf. Nach dem Abitur 1982 am Gymnasium an der Liebigstraße in Holzminden studierte er vom Wintersemester 1982 bis zum Sommersemester 1988 Evangelische Theologie und von 1989 bis 1993 Philosophie an der Ruprecht-Karls-Universität in Heidelberg. Er schloss seine Studien mit dem Ersten Kirchlichen Examen der Evangelischen Landeskirche Hannovers ab (zugleich Dipl. theol. der Universität Göttingen) und promovierte fünf Jahre später zum Dr. theol. an der Universität Heidelberg (Dr. theol.).

Kaiser sammelte Erfahrungen bei Auslandsaufenthalten in Japan, Südkorea, Simbabwe und Südafrika. Nach seinem Zweiten Kirchliches Examen (1995) in der Evangelischen Landeskirche in Baden, seinem `Lehrvikariat´ und seinem `Pfarrvikariat´ (von 1998-2008) arbeitete er zehn Jahre lang im Jobsharing als Gemeindepfarrer mit seiner Ehefrau, Pfarrerin Andrea Kaiser, in der Evangelischen Kirchengemeinde Kadelburg. Seit 2008 ist er gewählter Gemeindepfarrer der Evangelischen Kirchengemeinde Klettgau/Baden.

Kaiser legte zahlreiche Veröffentlichungen zu sozialethischen, philosophischen und historisch-theologischen Themen vor. Das Foto zeigt ihn kurz vor Beginn seiner Predigttätigkeit im Jahr 1992.